歴史文化セレクション

江戸ッ子

西山松之助

吉川弘文館

目次

江戸ッ子のイメージ

江戸ッ子の江戸ッ子嫌い

江戸ッ子小絲源太郎

去年（一九七八年）の八月十三日、日曜美術館というNHK教育テレビの放送で、渋沢秀雄・田近憲三両氏が「小絲源太郎＝人と芸術」について、たいへん興味深い話をされた。主に絵の話であったが、そのなかで、渋沢氏が小絲源太郎の人について話され、江戸ッ子源太郎論を試みられた。それが私にはたいへん感銘深く、私はそれをそっくりメモをしたほどである。メモであるからお話の通りではないが、渋沢氏は次のような意味のことを話された。

小絲源太郎は江戸ッ子でありながら、江戸ッ子の五月の鯉の吹流し、という江戸ッ子が嫌いであった。それでいて小絲源太郎その人はいい意味の江戸ッ子で、ウィットやユーモアがいっぱいあった。そして源太郎の母親は、源太郎が江戸ッ子は嫌いだというと、江戸ッ子はもっといいところがあったんだよと言っていた。

というのである。この渋沢氏のお話によると、江戸ッ子であった小絲源太郎は江戸ッ子が嫌いであったようだ。それに対し、母親は、江戸ッ子はいいところがあったと反論し、渋沢氏は、小絲源太郎が母親のいうようないい江戸ッ子であったとして、江戸ッ子嫌いの小絲源太郎その人を江戸ッ子としてほめたたえた、というわけである。

つまり、洋画の第一線を往くような小絲源太郎は江戸ッ子嫌い、その母親は江戸ッ子讃美、第三者の渋沢氏は悪い江戸ッ子といい江戸ッ子を見ているということになる。何げなくさらりと話されたこの話は、明治以降の近代における江戸ッ子観が煮詰められたようなもので、私は鮮かな印象をもったのである。

いろいろな江戸ッ子観

池田弥三郎氏は、その著『東京の中の江戸』の中で「江戸ッ子と江戸弁」について論じその終りのところで、江戸ッ子を次のように見ている。

江戸ッ子は五月の鯉の　吹き流し　口先ばかり　はらわたはなし

という。これは、口先ではポンポン乱暴な口のきき方をするが、腹はさらりとして、こだわりがない、というように解しているが、どうもそうではないのではないか。内実はカラッポで、内容がないのに、口先では、あれこれという江戸ッ子を皮肉ったのではないか。だからどうも「江戸ッ子」というのは、講談や落語の中にだけ、「概念の江戸ッ子」がいるとみた方がよさそうだ。

とある。池田氏は、三代以前からの江戸住人ではないし、擬宝珠《ぎぼし》の外だから自分は江戸ッ子ではないと言っている方だが、ここに書いてある江戸ッ子観は、小絲源太郎の江戸ッ子嫌いの江戸ッ子観に近いようである。

英文学者斎藤美洲氏は、ある日私に、あなたは「江戸ッ子」というのを書いたそうだが、それを是非読みたい。実は僕は下町生まれの江戸ッ子だが、どうも肩身の狭い思いをしてきた。肩の張れる江戸ッ子になれるとありがたい、というような話をされた。これは私が『江戸町人の研究』第二巻に載せたものなので、早速読んでいただいた。

芥川龍之介も、後にのべるように、はじめは江戸ッ子でありながら江戸ッ子が嫌いであった。こういう江戸ッ子嫌いは江戸ッ子蔑視によるのであろうが、東京に江戸ッ子蔑視の風潮があったこと、今もあること、そのために江戸ッ子の当人が江戸ッ子嫌いになったり、肩身の狭い思いをしたりするのであろう。

こういう江戸ッ子蔑視観は私の見解では明治以降のもので、維新による新政府の田舎者役人や田舎者政商その他さまざまの田舎者などの江戸ッ子に対する劣等感の裏返しとして出てきたものではないかと思われる。江戸ッ子には、蔑視されるような一面もあるが、小絲源太郎の母が物語ったようないい面もある。それが明治以後総じて江戸ッ子一般を蔑視する右のような風潮ができたため、いい意味の江戸ッ子である人たちが、思想的被害を受けることになったのである。と同時にいい意味の江戸ッ子が消えてしまうようなことになり、田舎者がのさばりちらすことになってしまったようである。

擬宝珠から擬宝珠の間

しかしいい意味の江戸ッ子が完全に消えてしまったわけではない。右のような、江戸ッ子蔑視に対し、江戸ッ子を誇りにしている大旦那がいる。かつて京橋大《だい》根河岸《こんがし》で青物市場を取りしきっていた三周、今の築地青果市場会長藤浦富太郎氏などはその一人である。藤浦氏は今年九五歳の高齢だが、落語三遊派の家元であり、円朝が三周にたいへん世話になったこととか、明治十一年生まれの鏑木清方《かぶらぎきよかた》と幼友達の親友で、明治の団菊左（九代目市川団十郎・五代目尾上菊五郎・初代市川左団次）の芝居を見ているだけでなく、その記憶力が抜群で、すばらしい江戸ッ子である。

藤浦富太郎氏の説

さっきの渋沢秀雄氏のＮＨＫの日曜美術館の少し前に、やはり同じ日曜美術館で藤浦氏が鏑木清方を話され、年末にそれが再放送された。だからご覧になった方もあろう。その藤浦氏から私はつい最近、日本工業倶楽部で耳よりな話を承った。

それは、氏のたいへん親しい友人が三人寄った時、藤浦氏と吉田五十八氏とは、日本橋と京橋の間、つまり擬宝珠《ぎぼし》と擬宝珠との間の地に生まれたから、俺たちは江戸ッ子だが、もう一人の岩田藤七氏は神田生まれだったので、君の家は擬宝珠の外だ、君は江戸ッ子じゃない、と二人で言うと、岩田氏がたいへん口惜しがったそうである。

そこで、その次に会った時に、君も日本橋と万世橋との擬宝珠と擬宝珠の間だから江戸ッ子だよということで、三人とも江戸ッ子ということになり、円くおさまったということであった。

この話は、日本橋や京橋・神田あたりの昔からの大店《おおだな》の大旦那が、自分たちは江戸ッ子であるということを誇りとしてきた話である。だから、江戸ッ子である人たちがすべて、江戸ッ子嫌いになったわけでもないのである。そうして、藤浦氏やその幼友達の清方や円朝のような文化人江戸ッ子がたくさんいたし、今もなおいるのである。

清方と江戸ッ子

鏑木清方の『こしかたの記』を読むと、清方は明治十一年に神田で生まれ、二歳のとき京橋に移り、以来大根河岸の三周、つまり藤浦家と深い交わりを続けたことが詳しく記されており、三代目歌川広重が隣に住んでいて、夫婦で可愛がられたこととか、柴田是《ぜ》真《しん》と親しくしたこととか、歌舞伎・浮世絵・蒔絵・絵草紙、四季それぞれの年中行事を生活の中で行じていくことなど、高度な江戸ッ子の文化生活が詳しく如実に記されている。それが体験した自分の思い出なので貴重である。

藤浦富太郎氏の回想録もいろいろあって、さらに無限の体験談があり、その思い出は実に正確で貴重である。こういう大旦那や文化人が、江戸ッ子礼讃者である。このことは、江戸の文化生活の洗練された伝統を、江戸の昔から引きついできた人たちには、たしかにそのよさがわかっていたからであろう。小絲源太郎にはもうつながらなかったが、その母親には伝わっていたのだと私は思う。

六〇歳、七〇歳くらいの人たちはもうだめで、九〇歳を越した高齢者でないと、江戸ッ子の日常生活の高度に洗練された文化生活の伝統を知らないのであろう。たしかに、江戸の下町に成立した江戸ッ子には、今の私たちにとっては、もうよくわからなくなっていることが多いので、江戸ッ子のイメージにそれぞれちがったものができてしまっているのである。

どうしてこういうイメージの違いができたのかは、すでにのべたように明治以降のことである。だから私は、江戸ッ子の実体を成立期からくわしく追求し、それを見定めてみたいと思う。

江戸ッ子を見る視点

お江戸

時代劇とか小説とか、あるいは寄席の落語などで、「お江戸日本橋七ツだち」ということがよく言われる。七ツは四時だから、午前四時に日本橋を後に旅立ちをしたというわけだが、「お江戸」というのは江戸だけのことで、私たちは昔から耳なれているので別に不審にも思わないできたのだが、さて、と開き直って考えてみると、地名に「お」の字をつけて呼ぶのは江戸だけである。このことは先にあげた池田弥三郎氏の「江戸ッ子と江戸弁」にものべられている。

たしかに、江戸時代の日本では、江戸のことを一般に「お江戸」と敬称で呼んでいた。こういう都市は他にはない。古代以来の長期にわたる都であった京都にも、また源頼朝が幕府を開いた鎌倉にも「お」をつけて呼んだことはない。おそらく朝鮮・中国にもインドにも、さらには西欧にもどこにもない、世界でただ一つだけの特別な呼び名のようである。

江戸ッ子も、おそらく「お江戸」と同じように、江戸時代の江戸という大都市にだけ創出された、まことに独自な人たちであったと考えられる。江戸に創出された江戸ッ子に相当するような人たちは、日本の他の大都市について見ても、どこにも見当たらない。これもまた、朝鮮・中国・インドその他世界中のどこにも見当たらない歴史的所産であったように思われるのである。

この本では、この江戸ッ子について考察したい。明治以降の江戸ッ子ではない江戸時代の江戸ッ子について論じていくのである。明治以後にあっても江戸ッ子という呼び名は続いて行なわれた。そして、今もそれは生き続けている。東京はもちろん、地方の村の中では、江戸ッ子という言葉には、東京言葉という意味もふくまれている。

東京言葉としての「江戸ッ子」

私は播州赤穂の旧山陽道の宿場であった村に生まれた。今でも郷里へ帰ると東京言葉は全く話さない。すると郷里の友人たちは私に向って、「おまはんは五十年近う東京におって、なんで江戸ッ子で話せへんのや」という。これは、君は五〇年近く東京にいて、なぜ江戸ッ子で話さないか、ということなのだが、この場合の江戸ッ子は東京言葉ということである。私の村は昔の宿場であったために、江戸とは遠いけれど直結していたので、こういう意識が今もあるのかもしれない。何れにしても、兵庫県西端の旧山陽道の村の中では、今も東京言葉を江戸ッ子と呼んでいる。おそらく日本の各地にこういう現象が見られるのではないかと思われる。

江戸ッ子について、このような現代への歴史的展開に関する諸問題についても、この本では、終りに、巨視的な展望として考察したいと考えているが、この本で私が追求したのは江戸時代の江戸ッ子である。お江戸と呼ばれた大都市江戸に、江戸ッ子と呼ばれた人たちがどうして誕生したのか。その江戸ッ子の実体は何か。その成立した時期はいつか。ということを、江戸時代の文献その他の確かな史料によって論証してみたいと思う。

後に順序を追って詳しくのべるが、江戸ッ子という人たちの実体は、成立期から幕末、明治維新と、時代の移り変りによって、かなり変化があり、江戸から東京への激変によって、江戸の一部が大転換をとげた。こういうことで、意識面でも大きく変貌をとげた後の人々が考えてきた江戸ッ子観には、成立期の江戸ッ子が全く見失われていることが多い。

それに、これまでのいろいろな江戸ッ子論には、江戸ッ子に関する文献が正確につかめていなくて、手さぐりの見当で論じたうらみがある。そこで私は、江戸時代の文献で活字化されているめぼしいものを、多くの人たちの助力によって読破し、そのなかから、江戸ッ子という言葉が載っている文献を抽出した。この作業は一〇年ばかり前のことだが、以来引き続いて、探索を続け、「江戸ッ子文献一覧」を作った。

江戸ッ子の二重構造

これは江戸ッ子についての最も重要な論証基盤になると私は思う。こうしてできたこの文献によって考えられることの最大の意味は、江戸ッ子という人たちは、単純な階層による単純な構造をもつ特定の存在ではなく、二重構造をもっているということである。この二重構造という意味は、主として化政期以降に、「おらァ江戸ッ子だ」と江戸ッ子ぶる江戸ッ子、私はこういうのを自称江戸ッ子と呼ぶことにしているが、この自称江戸ッ子と、そうではなくて、日本橋の魚河岸の大旦那たち、蔵前の札差《ふださし》、木場の材木商の旦那たち、霊岸島や新川界隈《かいわい》の酒問屋とか荷受《にうけ》商人というような、元禄以前ごろから江戸に住みついて、江戸で成長してきた大町人ならびに諸職人たち、こういう人たちは、自分で江戸ッ子だと威張るようなことはしない。このような江戸を故郷墳墓の地として代々住み続けてきた江戸町人、こういう人たちが江戸ッ子の主流だということが、文献でよくわかる。

私のいう二重構造は、こういうことなのだが、明治以降の近代日本で江戸ッ子が話題になるときには、もっぱら自称江戸ッ子が江戸ッ子のすべてであるように考えられてきたきらいがある。悲しいことに多くの知識人がこのように考えてきた結果、一般に江戸ッ子に対する一面観だけが江戸ッ子の全体像であるように思い込んでしまったようである。

このような江戸ッ子の一面的な見解は、江戸ッ子についての厳密な研究がなされなかったからではないかと思われるが、私はこれまでの江戸ッ子一面観というのを改め、江戸ッ子は、そのような劣等感の裏返しと考えられているような優越感に独りよがりを楽しんでいたような、自称江戸ッ子だけではなく、もっと高度な文化を持った豊かな人たちもいたという、二重構造をもった江戸ッ子の全体像を明確に論じたいと思う。

江戸ッ子の初見

次に、これらの文献を探索した結果、江戸ッ子という言葉が明和年間(一七六四〜七二)に見えはじめたということと、江戸ッ子というのはどういう人たちかという、江戸ッ子気質《かたぎ》が鮮明に描写されているということとがわかった。この江戸ッ子気質というのは、天明七年、八年(一七八七、八)のころに書かれているのである。つまり明和年間に江戸ッ子という特殊な人たちがくっきりと見えるようになり、やがて天明年間に、その江戸ッ子とは、かくのごとき人なりという江戸ッ子の人間像が鮮明化したのである。

このほかにも、多くの問題が考えられるけれども、この二つのことが最も重要な問題で、江戸ッ子の本質的なことだといってよかろう。こういう江戸ッ子が、どうして「お江戸」という大都市江戸にだけ成立したのであろうか。これがまた同様に重要な中心問題である。このことについても、これまでの一面観による江戸ッ子論では、自称江戸ッ子、つまり、二重構造と私が言っている江戸ッ子のうち、主として化政期以降の文献に多出する江戸ッ子だけを見て、その成立条件を考察しているということになっているので、江戸ッ子の全体像を正確に把握したうえでの江戸ッ子成立論になっていないのである。

江戸ッ子創出の条件

くわしいことは後にのべるが、江戸ッ子成立の最も重要な条件は、「お江戸」と呼ばれた大都市江戸の人的構造・社会構造がどこにも類例を見ない独特なものであり、そのため特殊な都市生理現象として江戸ッ子が創出されることになったと考えられる。

それは一口でいうと、将軍を頂点とする全国の政治中心都市としての中央都市である江戸でありながら、この大都市江戸には、地方がそっくり持込まれて、武家屋敷にも商家にも、江戸でない他国の地方がそのまま存在して、それらが大きな比重を占めていたということが、江戸ッ子成立の最大条件である。

江戸では、将軍の居城たる江戸城のまわりに上屋敷・中屋敷、周辺地に下屋敷という大名たちの江戸屋敷があった。地方の大名たちは一年おきにこの江戸屋敷に住み、そこには大名たちについてきた江戸詰の田舎侍がいた。この参勤交代制は幕末まで続いた。だから、江戸には、各地の地方大名と同数の地方色が幕末まで存在し続けたのである。つまり江戸には、松前あり仙台あり、土佐あり薩摩ありで、それぞれのお国ぶりの地方がそっくり持込まれて存在していた。

また、江戸には、江戸店《えどだな》という独特な店が何百何千とあった。本店が地方にあって江戸に出店を経営していたのである。これらの江戸店には、どの店にも、すべて女の人が一人もいなかった。越後屋・白木屋・高島屋・松坂屋・西川・長谷川など、どの店もすべて男ばかりで、近江や伊勢の本店の近くの田舎から出てきた少年たちの年季奉公人で、次から次に入れ替って、江戸店はどんなに繁栄しても、それはついに江戸化することはなかった。江戸の中心街にたくさんの江戸店という地方そのものが存在していたわけである。

その他に、出稼人《でかせぎにん》であるとか、流れこんできたあぶれ者だとか、莫大な数の寺々の僧侶だとか、江戸で力いっぱい文化活動をしようと脱藩してまで出てきた文化人だとか、私たちの想像を絶するばかりの多くの他国者が、江戸へ江戸へと集中してきた。こういう他国者は、江戸では他国者であるがゆえに江戸での自由な文化活動ができるのだという開かれた世界があった。

本書の課題

江戸開府以来百数十年を経た明和から天明ごろになっても、なお依然として、少しも江戸化しない地方色が、さまざまな状態で存在していた。いつまでたっても他国者である異質な人間がうようよしていたのである。こういう大都市は世界でも珍しい江戸らしい特色である。このような他国者が、他国者として地方色が鮮明に生き続けているような江戸であったからこそ、江戸に住みつき、江戸言葉を話し、先祖代々の江戸の色や匂いを発散する人たちの、その色や匂いが、十八世紀後半の明和ごろには、はっきりしてきて、他国者とはちがった人間模様がおのずから鮮明になった。それが江戸ッ子である。

京都にも大坂にも、ロンドンにもパリにも、地方人、他国者は少なくなかったと考えられる。大都市には、本来そういう性格がある。しかし、江戸のような鮮明な特色を持ってはいなかった。それだから、江戸にだけ江戸ッ子という特殊な人間像ができあがったのだと考えられる。私はこういう江戸ッ子のことを考察してみたいと思う。

これまでの江戸ッ子研究

いろいろな江戸ッ子説

江戸ッ子という特殊な人間集団を、客観的に把握して論じたものは江戸時代の文献にはほとんど見当たらない。江戸ッ子を観察したり、批判したり、また江戸ッ子自身が、さまざまな江戸ッ子意識をのべたてたりすることは、後述のごとく多数の用例がある。しかし、一定の視角から江戸ッ子とは何かについて考察し、これを何らかの体系にまとめたような、江戸ッ子論とか、江戸ッ子説とかいえるような文献は、江戸時代のものには見当たらない。おそらく今後も発見できないのではないかと思う。

四代目広重説

きわめて簡単なものだが、右のような観点に立って論じた最初の「江戸ッ子」説は四代目歌川広重のものであろう。この人は本名菊池貴一郎といい、明治三十八年（一九〇五）に『江戸府内絵本風俗往来』（この本は平凡社の「東洋文庫」五〇に『絵本江戸風俗往来』――菊池貴一郎著、鈴木棠三編――として収められ、石母田俊氏の『江戸っ子』にも引用されている）を出版した。その巻頭の「江戸の大概」の一節に「江戸ッ子」という項があって、彼はここで、江戸ッ子は山王神社と神田明神の氏子たちのことなのだといっている。短文なので全文を引用しておこう。

江戸ッ子

一　山王大権現・神田明神の産子《うぶこ》の土地に生まれし者を江戸ッ子と唱えたり。「江戸ッ子は宵越の銭を遣わず」「江戸ッ子の生まれぞくない金を溜め」「皐月《さつき》の鯉の吹き流し」などというも、山王・神田両社の氏子なる江戸ッ子をいいしと知るべし、両社氏子なる江戸ッ子という者、これに全く別なる気性ありて、その比類を知らざる所とせり。

三田村鳶魚《えんぎょ》は昭和八年（一九三三）に早稲田大学出版部から『江戸ッ子』という本を出した。このなかで鳶魚は、きわめて多面的な江戸ッ子を一二九項目にわたって論じている。

三田村説

彼のこの江戸ッ子論は、以後江戸ッ子についてのほぼ決定的な役割を果たした。そういう意味では三田村鳶魚説は大きな位置を占めてきた。江戸ッ子という言葉についても、寛政七年（一七九五）とする三田村説よりはるかに前の明和八年（一七七一）初見説が浜田義一郎氏によって確証されても、学界や社会通念はこの説に注目しようとせず、依然として、寛政七年とする三田村説をとり、おそらく今日も、多くの人はこれに従っていると思われるほど、大きな影響をおよぼした。

鳶魚説の江戸ッ子初見論は同書第九七項の「寛政時代の労働者」のところに見えている。ここには彼の江戸ッ子観の一端ものべられているので、その一節を引用する。

それではこの江戸ッ子といふ言葉は何時頃からいふやうになつたかと申しますと、寛政七年に出ました洒落本の『廓通荘子《かくつうそうし》』といふものにあるのが一番古いやうです。……江戸ものという言葉はもつと〳〵古くからありますが、どうも江戸者では何だか不景気で、江戸ッ子といふやうなわけに参りません。……為永春水の書きましたもの、……これには東《あづま》ッ子といつて居ります。東ッ子でも引立たない。……とにかく寛政以来、江戸ッ子といふ言葉が浮いて出て居りますが、この江戸ッ子といふ言葉は気が利いてゐるやうに、「おらァ江戸ッ子だ」と、自称するものゝ多くなつたのは文化以来のことであります。この模様を書きましたものは、『飛鳥川』といふ随筆の中に、近来は棒手振《ぼてふり》の肴売や野菜売が馬鹿に力み出して威張つてゐるが、それがよつぽどおかしい、と書いてある。……いづれにも何の代表者でもない江戸ッ子が、独力味で威張つてゐるけれども、誰も相手にするものは無い。いさみとか、きほひとかいふ風な様子をして、今にも喧嘩でもしさうな様体に見える。どうしてそんな馬鹿な調子が出るやうになつたかといふと、今日の言葉で申せば、自由労働者の増加から斯ういふ勢を生じたのであります。

この一節は鳶魚説の中核である。その要点は江戸ものという言葉は古くからあるが江戸ッ子というのは寛政以降で、それを自称するようになったのは文化以降である。そういう江戸ッ子は、「いさみ」

とか「きほひ」とか、振売商人《ふりうり》などのような自由労働者だ、というところにある。

こういう自由労働者は、鎌倉・室町とその実力を天下に誇った坂東武士たちが、秀吉・家康らに圧倒され、その後裔たちは土豪となり土族となり、泥棒となり博徒となった。そのなぐれの果てが江戸ッ子で文化以来の自由労働者である。こういう人間が殖えたから裏店が殖えた。したがって棒手振《ぼてふり》商人が立ゆくようになったという。

「江戸ッ子といふものは浅慮で、向う見ずで、喧嘩ッ早い。……私どもが見ては甚だつまらない江戸ッ子を……」とか、「江戸ッ子といふものは、江戸では誰も相手にするものが無いだけに、田舎者が来ると威しつける。こゝだといふわけで気前を見せる。気前を見せるには銭が入ります。そこで先づ自分の身のまはり、手拭の新しいの、足袋の新しいの、褌の新しいの、下駄の新しいのといふ風に気をつける。これは皆あまり高いものぢやありません。……」とか、「いさみ」「きほひ」の主体は鳶《とび》の者で、そういう人たちも、その他江戸の居住者のうちの雇傭労働者全体が、元文ごろから、一定の主人を持たないようになった。「江戸中の白壁は皆旦那だ、といふやうなやつが多くなつた」というように見るのである。つまり、どこへ行っても働ける、金になる。そういう労働市場が開けてきたことが、封建主従関係を弛緩させ、やがてそれが解体していった。その結果、「おらァ江戸ッ子」だと空威張りさせるような人たちをたくさん創出した。そういう人たちが江戸ッ子の主体になっていると鳶魚は見ている。

だから江戸ッ子は、本当の意気地など持合せてはいない。それをよく物語るのが江戸ッ子の刺青《いれずみ》だ。彼らの刺青は半彫りで、手足だけ彫ったり、墨だけ入っていたり、江戸ッ子の文身《いれずみ》にはすっかり出来上っているものははなはだ少ない、と江戸ッ子を冷笑している。三田村鳶魚の江戸ッ子観は典型的な江戸ッ子蔑視である。

斎藤説

鳶魚の『江戸ッ子』についで、昭和十一年に斎藤隆三は『江戸のすがた』を書き、そこで「江戸の町人――所謂江戸ッ児気質の保持」を論じた。

斎藤は、江戸ッ子の時代的規定などは厳密に論じないが、江戸ッ子町人が寛政―文化以降とする三田村説に対し、安永・天明期の町人にこれを比定しているところが特色である。また三田村説は、裏店とか自由労働者の創出がその日暮しの人たちの社会的基盤で、そこに江戸ッ子が生い育った。というのに対し、斎藤説は、江戸では金をためても一瞬にして一切を灰燼に帰してしまうことが多く、そういう実体を見たり体験したりしており、金を溜めたとしても、その金は「元来は三つ目錐一本を手にして火吹竹に孔をあけて歩いても世は渡れる」というほどの大江戸を舞台として、何の雑作もなく贏《か》ち得たものである。一朝にしてこれを失うとしてもふたたびこれを得ることはさしてむずかしいものではない。江戸の町人に概して財産の執着の少ないのはこうしたところからきたのである。それが清廉を美徳とし、貪欲をいやしむ潔癖性となり、やがて義侠を理想とする江戸ッ子の真骨頂が見られることになる。そういう江戸ッ子が舞台の上に幡随院長兵衛や助六という人間像として造形されたのだとする。そうして、安永九年(一七八〇)にできた落首《らくしゅ》「大こけ舞」、「一に一日小ごといひ、二ににがい顔をして、三に酒は嗅ぎもせず、四ツ吉原ついに見ず、五ツいらぬ世話ばかり、六ツむせうに溜めたがり、七ツなにかに欲深く、八ツ役者の名も知らず、九ツこくうにくばかりし、十ヲとう〳〵石仏。大こけ舞を見さいな」というのをあげ、こういう大こけをいみきらい、冷笑し、軽蔑し、これとは全く逆の楽天的現実的享楽的生活をよろこびたたえる江戸町人の気前こそ江戸ッ子の意気であり、それが安永・天明の江戸の世相であったとする。

もし幕府に非政があると、軽妙洒落の文字を弄《ろう》して落首・俚謡をもってこれを罵倒し、身に危険のせまることをおそれなかった。これは江戸ッ子でなければできないところであった。昨日を顧みず、明日を考えず、ただその日その日を軽妙洒脱にすごす。これが江戸ッ子の意気で、その意気を最も発揮したのが安永・天明の江戸文芸だとする。そうして黄表紙・洒落本・軽口小噺・狂詩・狂歌・俳句・川柳・地口・語呂・謎々・モノハ付・落首をあげて、そこに江戸趣味を洗いあげた江戸ッ子の心情を見さだめ、それが江戸のすがたであるといっている。要するに斎藤説は、江戸に江戸町人らしい町人があらわれて、そこに江戸独自の町人文化を創造したのは安永・天明期だとする。この安永・天明の江戸文化は江戸町人文化の最も代表的なもので、化政期以上に江戸ッ子の心意気が発揮されたものだと見ている。斎藤氏の指摘した安永・天明の江戸文化が江戸ッ子の創造した文化だと見当をつけたことはよいが、この説も論証が欠けている。

西山説

斎藤説のあとは、戦雲ようやくしげくなって、遊びに暮れた江戸ッ子の研究などはかげをひそめてしまった。私が「江戸ッ子の成立」とか、「江戸ッ子の文化社会」(「後期江戸町人の文化生活」『国民生活史研究』五)を論じたのは昭和三十七年である。私がここで論じた江戸ッ子は、江戸という大都市の特性に規制された独自の町人たちであったことに注目したものである。江戸町人が京・大坂とはちがって、他国者であったこと、彼らが幕府あるいは大名の御用達《ごようたし》として武家寄生の性格が強かったことなどから初期江戸町人の多くは武家との主従関係で結ばれていた。こういう初期以来の町人が、人口一〇〇万という大都市を構成し、大都市機能を発現するようになると、江戸城や大名屋敷との御用達町人中心の町人社会が大きく変貌し、都市居住者としての町人相互の商取引きによって成り立つ市民社会が成立してくる。

こういう変貌は早くからあらわれはじめるが、それが決定的なものになり、幕府の御用達町人それ自身も、大きく成長してきた旧来の江戸根生《ねお》い町人、つまり江戸ッ子でなければならなくなるようになった。それを象徴しているのがかつて竹内誠氏が論証した寛政改革の勘定所御用達たちである。こういう変化は吉原名主庄司家が十八世紀前半期に五町名主に変わったことをはじめ、一七五〇年代という宝暦期が大きな転換期になっていることを『芝居《しばい》囃子《はやし》日記《にっき》』によるチリカラ手法の演奏法創始、それによる歌舞伎下座音楽の能楽士追放、すなわち侍楽人追放、江戸音曲文化社会、祭礼、富士講・御嶽講・大山講・三峯講・伊勢講・成田講などによる行動文化の新生、歌舞伎のひいき連、狂歌の山手連・立川連をはじめとする多数の江戸町人の文化社会、いけ花や浮世絵の流行など、十八世紀後半期に成立した江戸町人文化を江戸ッ子の文化だと考え、それらの文化を創造した文化社会を論じた。そうして、そのような文化社会は、化政期に引きつがれ、いっそう拡大化されたことを論じたが、ここでは江戸ッ子を論じることが主題ではなかったので、江戸ッ子とか、江戸ものが何であったのかについては論じていない。この説は、十数年前に書いたものなので、今の私の説は本書にのべる通りである。

浜田説　昭和三十八年一月の臨時増刊『国文学解釈と鑑賞』の「江戸・東京風俗誌」という特集号に、浜田義一郎氏は「江戸・東京人の気質・人情」を書き、「いわゆる江戸ッ子」「初鰹」「江戸じまん」について論じた。

この論文で、氏は江戸ッ子という言葉は江戸中期十八世紀後半ごろにできたとして、

江戸ッ子のわらんじをはくらんがしさ　（明和八年礼乙）

江戸ッ子にしてはと綱はほめられる　（『柳多留《やなぎだる》』一一篇）

をあげている。『柳多留』一一篇は安永五年（一七七六）で、この川柳はすでに『川柳大辞典』の「えどつこ」の項に収録されているが、はじめの明和八年（一七七一）のものは、既往の研究史では、これが江戸ッ子の初見ということになる。その後私は多くの文献によって、江戸ッ子という言葉を探索したが、今のところまだ、この浜田説の明和八年をさかのぼることはできない。その意味では、この指

摘は三田村説の寛政七年（一七九五）初見説を完全に否定したものとして重要である。

この論文で注目すべき点は、まず、浅草川の紫鯉、佃島の白魚、江戸前の鰻などをはじめ、「江戸じまん」の書物がいくつも出版されるようになったころ、江戸ッ子という言葉ができたという指摘であろう。第二点は「武士市民」という見解である。安永・天明の江戸文芸の開拓者たち恋川春町《こいかわはるまち》・朋誠堂喜三二《ほうせいどうきさんじ》・蓬萊山人帰橋《ほうらいさんじんききよう》・大田蜀山人《おおたしよくさんじん》などは、それぞれ駿河・秋田・高崎・幕府の武士であったが、彼らが江戸庶民化したので、この武士市民たちは、江戸の志向・気質の形成に大きな要素になったにちがいない、といっている。そうして、後にその一部を引用するが、これらのうち蜀山人の江戸ッ子観、江戸ッ子びいきに関する所説は聞くべきものがある。

石母田説　石母田俊氏は、昭和四十一年その著『江戸っ子』のなかで、「江戸っ子の由来」「江戸っ子と川柳」「江戸っ子蜀山人」「江戸っ子と吉原」「江戸っ子八百屋お七」「江戸時代の俠客」「火消は江戸っ子の華」など、江戸ッ子の成立史や、江戸ッ子気質を論じている。学問的に研究したものではないが江戸ッ子論としては、最も体系的なものであろう。

江戸ッ子という言葉としては、稲垣史生編の『三田村鳶魚江戸生活事典』が鳶魚の説寛政七年としていること、日置昌一著『ものしり事典』「風俗篇上」が前掲の安永五年（一七七六）の川柳を初見とし、天明四年（一七八四）の島田金谷著『彙軌本紀《いきほんぎ》』に東都子をエドッコと読んでいること、次が寛政三年（一七九一）の江戸河原崎座顔見世の「暫《しばらく》」のつらねで、四代目岩井半四郎が、「しやりとは似た山、おや玉に似ても似つかぬ替玉は、たゞ江戸ッ子と御贔屓《ごひいき》を頭にいたゞくかけ烏帽子」などをあげていること、等々をあげている。

江戸ッ子気質としては、斎藤説の「向う見ずの強がり」に近い立論をしている。向う気が強く、空景気があって、執着心が乏しく、喧嘩早いが仲直りも早い、見栄坊で威張りたがり、啖呵《たんか》を切る反面、気前がよく、それでいていかにも生き方が浅薄で軽々しい。江戸だけを己が天地として、それ以外のことには盲目であり、独りよがりであるというようなことが、江戸ッ子独自の性格であるという見解をとっている。

すでに早く笹川臨風はその著『江戸むらさき』で江戸趣味と助六劇について次のように記している。

華やかで軽妙で俠骨のある、意地つ張りの強い、警句に富んで洒脱な、快活で通《つう》な、それで平民的な特色はこれ即ち江戸趣味なるものではなかろうか。そこには矛盾もある誇張もある。雅気も混ずる。馬鹿々々しい所もある。殺風景であつて、其実至極太平の処もある。それで深刻のところは微塵もない。威張つても可笑《おかしみ》味が勝つて居る。実は上つ滑りばかりしてゐて内容は割合に貧弱である。悟つたやうで悟らず、垢抜のしたやうで俗気がある。若し江戸趣味の弱点欠点を上げ来ると助六劇は確に之を証明してゐる。助六劇を解し得ぬ人は江戸趣味を会得せぬ人である。江戸趣味を具体的に見ようとするには、助六劇を了解するのが最も捷径ではあるまいか。

この笹川の助六観と同じように、石母田説も「助六」のセリフのなかに、江戸ッ子が備えていた階級性に対する憤懣と反抗を見ており、また大田蜀山人を江戸ッ子の典型とするところは、きわめて特殊な見解だといえよう。浜田説の蜀山人は、ときに江戸ッ子と同列になることはあっても、蜀山人が江戸ッ子だとは見ていない。

川崎説

昭和四十二年、川崎房五郎氏は『江戸八百八町』を著わし、そのなかの「江戸っ子」「水道と江戸っ子」の項で江戸ッ子論を展開している。

氏は江戸ッ子の初見を三田村説によっており、そのような江戸ッ子は町人階層のうちでも、大商店の主人たちでなく、中小商業者や職人、火消連中とし、「江戸っ子というと何か落語に出てくる八さん熊さん的な感じがある。おちついて何かじっくり仕事をするといったのではなく、おせっかいで見栄坊で、腹の中のない、あけっぴろげの正直な愛すべき人物、こういった感じが『江戸っ子』という言葉の感じである」とし、それは寛政から文化・文政時代に形成されたものだとする。

他国者の大商店では店員の妻帯を許さず、郷土の慣習を強制されることが多く、そこには「江戸」がなかった。江戸ッ子は小商人や職人連中で、べらんめえ言葉は江戸ッ子と結びついているとし、また「彼等は江戸を日本一の都会であり、ここよりよい土地はないと思い、水道で洗ったことから火事が多いことまで自慢した。十返舎一九の弥次・喜多が大好評であったのも、そこには江戸を日本一と信じた江戸っ子の自負がいたる所で滑稽をばらまいていたからで、こうしたところにも『江戸っ子』がどんな人々をさしたかが判ろう」ともいっている。

竹内説

竹内誠氏の説は『江戸町人の研究』第一巻に収められているので、詳細はそれにゆずることにする。この論は小論だが江戸市民の構造変化によって「江戸ッ子」意識が成立したという重要な発言となっている。

「江戸ッ子」という社会意識は、田沼期に形成され、化政期に確立した。享保期以前の江戸者意識は、享保―田沼期に「江戸生れ」意識へと展開し、田沼―化政期に「江戸ッ子」意識として確立したとする。このような変貌展開は、十八世紀後半期以降江戸市民の階層分化の激化による没落市民の下層社会への沈澱と、大量の脱落農民の江戸流入による江戸下層社会への滞留により、江戸の下層社会に量的増大と、体制に対する質的転化が生じた。こういう変化の過程で「江戸ッ子」意識は成立したというのである。

没落する市民は、一つには危機意識の拠りどころ＝精神的支柱として、二つには大量の流入農民の江戸居住者に対する江戸生まれ同志の強烈なミウチ意識として、そこに「江戸ッ子」意識が成立したと規定している。

江戸もの、江戸生まれなどの意識はさまざまな階層を包含しているが、この「江戸ッ子」意識は明らかに下層社会独自の意識として成立しており、反権力的・反体制的意識を内包しているのが特色だといっている（「寛政―化政期江戸における諸階層の動向」の終章「江戸ッ子」意識成立試論）。

江戸ッ子の問題点

以上「江戸ッ子」諸説として略述した八つの見解は、既往の「江戸ッ子」に関する代表的なものを、私が右のように整理したものである。単行本の広汎な内容を、ごく簡単なものにまとめたため正鵠を得ていないものがあるかもしれないが、問題点を予想して抄約したものである。

四つの問題点

これらを大観すると、八つの見解はそれぞれに個性的であり、独自の立場をもっていて、考えさせられるところが多い。しかし、これらを総合的に考察してみると、おのずからいくつかの問題に集約することができよう。それは大別して四つの問題となるように思われる。第一は、江戸ッ子の地域性のこと。第二は江戸ッ子の時代性のこと。第三は時代性の内容で当然第二と深く関連することだが、社会構造と江戸ッ子の問題、第四は江戸ッ子気質の問題である。これらはいずれも相互に緊密な関係で結ばれているので問題別に論じにくいところもあるが、問題点を指摘するために整理して論じることにする。

第一の地域性は四代目広重が規定したように、将軍家と同一氏子という、江戸の市民の誇りの源泉になっている問題である。金の鯱《しゃち》をにらんで成人したという江戸ッ子の啖呵の重要な要素であるが、そうなると、深川や浅草、山の手には江戸ッ子はいないということになる。そういう江戸の町と江戸ッ子の居住地域はどう考えたらよいのか、ということ。

第二の時代性は、三田村説・竹内説・川崎説のように、寛政以降、文化・文政期に江戸ッ子意識は確立したというのに対し、浜田氏・石母田氏・西山らの諸説はむしろ明和から天明ごろに江戸ッ子意識は成立し、江戸ッ子文化が進展したとする。はたしてどちらが歴史的に正確で真実なのか。この問題は、前にものべたように、第三の江戸市民の社会構造に関連して考察されねばならないことでもある。

第三には、いずれにしても、近世封建社会が体制的に変貌せざるをえなくなった転換期、つまり封建社会の崩壊過程に突入した時期にこの「江戸ッ子」という江戸町人はあらわれてきたのである。すなわち大都市江戸の市民社会における内発的現象として創出され、やがてそれが顕在化したものだといえよう。だからそういう実体が何で、その時期はいつかということは、依然として重要な問題だといえよう。

第四の江戸ッ子気質のことは、右の三つの問題点と緊密に関連しているが、宵越しの金をつかわないとか、見栄坊だとか、尻の穴が大きいとか、喧嘩っ早いとか、熱い湯に入るとか、侍をおそれないとか、こういう性格は果たして「江戸ッ子」気質なのかどうか。そうだとしたら、何故そうなったのか、それが解明されなければならないであろう。

これら四つの問題点のほかに、特に江戸文化のなかでも、その実体がとらえにくい「いき」とか「通」などが、江戸ッ子とどう関係しているのか。また、浜田氏が指摘した武士市民といわれるような庶民化した武士のみならず、「江戸ッ子」の成立と成長発展に、武士ははたして関与していないのであろうか。こういう点も、武家の都といわれた江戸なので一考に価する問題である。このように列挙してゆくといくらも数えられようが、いずれにしても、すべてに共通する重要な一つの条件が欠落している。

江戸ッ子研究の新展開

それは、「江戸ッ子」という言葉ないしは「江戸ッ子」の実体が、史料に即してはっきり見定められていないということである。どの所説も、たとえば、「江戸もの」は古く「江戸ッ子」は新しいといいながら、どういう実例について、それが古いとか新しいとか論じられているのか、まことに不明確である。たぶんこういうことであろうという推論に近い。こういう点からすれば、右に紹介した諸説は、浜田説のほかは、いずれも「江戸ッ子」の実体をふまえた論説にはなっていないといってよい。というよりは、そういう必要のない所論であったり、また、具体的人間を江戸ッ子として把握しようとすることによって、そうなったともいえよう。いずれにしても私は、何よりもまず「江戸ッ子」という言葉、ならびにその実体を史料的に広く探索するという、最も基礎的な作業からはじめるべきだと考え、そのために多くの時間と労力をかけた。こういう基礎作業は、たいへんむだな時間を費やすことになることが多く、一日中何冊もの本を探索しても、江戸ッ子という言葉が一つも見つからないことがしばしばであった。しかし、この基礎作業を抜きにしては、どんなに立派そうな江戸ッ子論を構築しても、それは、論証ということにはならないであろう。

それが文学である場合は別である。文学としての江戸ッ子を論じるのであれば、それは可能性の世界で考察すればよいのだから、現実に実在した歴史学の実体そのものとはちがう。江戸ッ子を歴史として、実在の人間像として論じるのには、どうしても、江戸ッ子が実在した証拠をつきとめなければならない。そのために、長い間、江戸ッ子をさがし続けた次第である。そうしてこのごろ、ようやくその一段落がついたので、はじめの「江戸ッ子を見る視点」のところでのべたような見方、考え方で、以下江戸ッ子を解明してみたいと思う。

江戸ッ子の文献

江戸ッ子文献一覧

問題点として指摘したように、これまでの江戸ッ子論は、いわば「江戸ッ子」の周辺から「江戸ッ子」を論じていたようならみがある。「江戸ッ子」研究には、何よりもまず「江戸ッ子」そのものの実体を確かめることが先決である。そのためには、当時の文献に「江戸ッ子」という言葉と、その実体がどのように記載されているか、これをできるだけたんねんに探索し、これを検討することが最も手近かな方法である。

と同時に、この「江戸ッ子」は、すでに問題とされてきたように、「江戸もの」「江戸生まれ」「江戸じまん」などのような、同類あるいはその周辺社会の人間集団とどのような類似相関関係にあるのか、またどのように異質であったのか、ということが究明されねばならない。またこの場合には、

「江戸ッ子」の理解をより正確にするため、さらに広く、江戸独自の社会意識あるいは特産をたたえるお国自慢ぶりなど、たとえば、江戸屋・江戸人・江戸風・江戸衆・おゑどさん・大江戸・江戸紫・江戸絵・江戸前・江戸言葉・江戸訛・江戸気性・江戸馬鹿などについても、同じように比較検討を試みる必要がある。このような視点に立って、まずはじめに「江戸ッ子」という言葉が、江戸時代の文献にどのようにあらわれてくるかをあげてゆくことにしたい。後に利用する便宜上、それぞれの出典の用語例を年代順にならべ、これを「江戸ッ子文献一覧」とし、それぞれの文献に通し番号を付した。

(1)　江戸ッ子のわらんじをはくらんがしさ　（明和八年〔一七七一〕、礼2。浜田義一郎「江戸・東京人の気質・人情」『国文学解釈と鑑賞』昭和三十八年一月臨時増刊号、二九頁。「江戸ッ子」に施した傍点は筆者、以下同じ）

(2)　江戸ッ子の生そこない金をもち　（安永二年〔一七七三〕、岩波文庫『柳多留《やなぎだる》』㈢、二二頁。「柳多留」では安永五年の一一篇に「江戸ものゝ生れそこない金をため」とあり、肩注にこの句が記され安永二年松―オ二〇とある）

(3)　江戸ッ子にしてはと綱はほめられる　（安永二年〔一七七三〕、前田金五郎説は安永三年雑俳万句合《まんくあわせ》。この句は安永五年「柳多留」一一篇に収められている。「柳多留」の下注では安永二年松オ―二〇となっている）

(4)　唐崎新之助が軽業はなれ業にして見るに危《あやふく》、銭を出して気を痛め鯡鯉の作りもの珍しく、生るがことしといへ共、見物少くかわかし大勢にて銭のとれぬ事を憂ふ。猿の軽業見るもの有れ共壮士《おとな》気《げ》なくして馬鹿らしく見へ、とんだ福りん茶釜ハ、薩摩芋の笛を吹より思ひ付おやく見なさい江戸子が細工ハ物すごくして妖怪屋敷の庭かと思ハれ、女の力持心ち能さながら巴御前の再来かと怪まる。何ㇾの所寸地もなく人ならずといふ事なし。（安永六年〔一七七七〕刊、道楽散人無玉作、洒落本「中洲雀《なかずすずめ》」。『洒落本大系』第二巻、七一六頁）

(5) 江戸ッ子の妙は身代つぶすなり　魚交（天明三年〔一七八三〕刊、柳樽余稿「川傍柳」五篇。岩波文庫、千葉治校訂『初代川柳選句集』上、二三八頁）

(6) 嗚呼東都ノ盛ナルヤ、言ヲ以テ之ヲ挙クルモ亦宜ナリ。扶桑橋《ニホンバシ》ノ魚鬻《サカナイチ》ハ四時《ヨツ》ヲ過ギズシテ一匹モ靡ク、青楼《ヨシハラ》ノ娼妓《ケイセイ》ハ、九時《ヒケ》ヲ待タズシテ一人モ靡シ。辱《カタジケナ》クモ水道ノ水ヲ以テ産湯ト為シ、曳窓ヨリ鯱《シャチ》ヲ観テ長《ヒトトナ》リタルノ徳ハ、則チ孰《イズク》ニ之《ユ》クト雖モ何ソ引気《ヒケ》ヲ資《ト》ラン。況ヤ息子株ニ於テヲヤ。饗《モテ》ズンバアルベカラズ。老子曰ク、大金ヲ費スコト小銭ヲ遣フガ若《ゴト》シト。是東都子《エドッコ》ノ気情《キショウ》ヲ顕ハス所ナリ。（天明四年〔一七八四〕刊、口唐出鳳台譲談《くちからでほうだいじょうだん》撰、洒落本「彙軌本紀序《いきほんぎじょ》」。原漢文。『日本名著全集』第一二巻「洒落本集」二三八頁。『洒落本大系』第六巻、四頁）

(7) 金《きん》の魚虎《しやちほこ》をにらんで、水道《すいどう》の水《みづ》を産湯《うぶゆ》に浴《あび》て、御膝元《おひざもと》に生れ出ては、拝搗《おがみづき》の米《こめ》を喰《くらつ》て、乳母《おんば》日《ひ》傘《からかさ》にて長《ひととなり》、金銀《きんぎん》の細螺《きさご》はじきに、陸奥山《みちのくやま》も卑《ひくき》とし、吉原《よしはら》本田の髩筆《はけ》の間《あい》に、安房上総《あはかづさ》も近しとす。江戸ッ子隅水《すみだかは》の鮊《しらうを》も中落《なかおち》を喰ず、本町の角屋《かどや》敷《しき》をなげて大門を打《うつ》は、人の心の花にぞありける。

の根生骨《こんじやうぼね》、万事に渡《わた》る日本ばしの真中《まんなか》から、……。（天明七年〔一七八七〕刊、山東京伝作、洒落本「通《つう》言総籬《げんそうまがき》」。『黄表紙・洒落本集』〔『日本古典文学大系』五九〕三五七頁）

(8)　仁田は忠臣無二の武士ゆゑ、如何にもして見届けかへり、君の仰せを無にせまじと、かの男に従ひ、まづ江戸ッ子の尻の穴から見はじむ。

これはひと穴のうち、江戸子の尻の穴と申すのぢや、なんと広いものであろう。これも夜分の景と変りますれば、つらりつと火が燈《とぼ》ります。松火《たいまつ》は私が持つてやらう。火葬の仏の引導を渡すやうなものだの。

さても広い穴ぢや

江戸子の尻の穴を覗き見れば、生《き》上田の袷を質に入れて、一本で二分の初松魚を買ふ。又千両の角屋敷を売払つて、呼びだし昼三を身受けする体、あり〳〵と見える。仁田これを見て、誠に江戸子の尻の穴の広き処を感じ、今まで己が吝嗇《けちけち》した事をあきらめ、今までのお先真暗余程明るくなる。

（天明八年〔一七八八〕刊、山東京伝作、黄表紙「仁田四郎《にたんのしろう》富士《ふじ》之《の》人穴見物《ひとあなけんぶつ》」。『黄表紙集』〔『近代日本文学大系』一二〕六七六〜七頁。京伝のこの黄表紙については小池藤五郎氏が、その著『山東京伝』に、仁田は松平定信をモデルとした不敵な諷刺で、それを当時流行の富士講で巧みにカムフラージュしたものだと論じている）

(9)　今ハ己か放埒に身をもちくずし、やゝともすれバ我等をくるしむる事ぞかし。或ハ女郎を身受せん為に親《をや》からゆづられし家《いへ》蔵を家質《しち》にいれ、其又女郎も間夫《まぶ》に狂《くる》ひてすつ裸《はだか》となり、笄《かんざし》・駒下駄《こまげた》・

褌《ふんどし》まで質入して苦界《かい》十年損料屋《そんりよう》の為にくるしむあり。或ハ初堅魚《はつかつを》の名代《みやうだい》に袷《あはせ》をくるしめ、こゝが江戸ッ子の尻《けつ》の穴《あな》の広き所と隣家《りんか》のとくじつをそしりながらこれを喰《くら》い、又ハ一人の娘《むすめ》を人質に入て博奕《ばくゑき》にうちこみ、又ハ五臓《ござう》のわづらひなる夢《ゆめ》をたのミて富《とミ》の札《ふだ》を買過《かひすご》し、主人からもらひためたる仕着《しきせ》せの布子《めのこ》を殺《ころす》もあり。武士《ぶし》ハなまくらならぬ大小も、まげ出家《しゆつけ》ハすぐな心の仏像《ぶつぞう》までもまげるげな……。（寛政二年〔一七九〇〕刊、山東京伝作、洒落本「戯作四書京伝予誌」の「通用」。『洒落本大系』第七巻、三四九頁）

(10) 江戸ッ子おやじ芝亭桜川慈悲成（寛政三年〔一七九一〕刊、黄表紙「馬鹿長命子気物語」の著者表記。『日本名著全集』第一一巻「江戸文芸之部」の「黄表紙廿五種」に収められている）

(11) 東岸西岸の柳遅速おなじからず。南枝北枝の梅は開落既に異なり。是みな春の眺にして、時こそ周の天正月一陽はじめて揚幕から、口にはゞつた暫を一声掛てのお目見へは、何も様の御叱を、かへり三升の本店は、葺屋町にて改名の、家重代の海老銅鎖、ざつくと着なす鶴菱は江戸市川の流を汲、変生男子の顔の隈、思へばつがも奈良坂や、このて柏のふたおもて、鵜の真似をする唐国は、朝鮮鼈甲銀ながし、しやりとは似た山おや玉に、似ても似つかぬ替玉は、たゞ江戸ッ子と御贔屓を、頭にいたゞくかけ烏帽子柿の素袍に大太刀も、おこがましくはさふらへども……。（寛政三年〔一七九一〕、河原崎座顔見世「御影講法鉢木《みえいこうのりのはちき》」。岩井半四郎「暫」のつらね。『歌舞伎年代記』四七一頁）

(12) 寛政四壬子年春市村座「若紫江戸ッ子曾我」、悪七兵衛景清鰕蔵、ぜんビ坊団十郎。

「若紫江戸ッ子曾我」の舞台絵。前年五代目団十郎を六代目に譲り、海老蔵となった五代目の評判舞台絵で『歌舞伎年代記』（四七五頁）に載せられたものである。曾我十郎祐成市川門之助、同五郎時致市川男女蔵で、この両人の鷹僧のつらねが人気を呼び、また海老蔵の工藤祐経も鷹僧で現われるという、江戸ッ子の「いき」な姿を見せ大評判をとった。

「若紫江戸ッ子曾我」の舞台絵。本舞台上げ障子の内に、彦三郎の朝比奈が鏡台を前にし、その後に喜代太郎のけはい坂の少将が櫛を持って立っている。「めりやす」の髪梳は通例の場面だが、これは長唄「髭梳鶴巣籠《ひげすきつるのすごもり》」での髭を梳く場面を演じ大評判をとった。意表をつく軽妙な発想が江戸ッ子らしい。（『歌舞伎年代記』四七八頁）

⒀　「美満寿 親玉 天狗礫《てんぐつぶて》鼻《はなの》江戸ッ子」（寛政五年〔一七九三〕刊、桃栗山人柿発斎《ももくりさんじんかきはっさい》作、歌川豊国画。黄表紙三冊合

一冊、江戸秩父屋板。五〇頁以下参照)

⒁　さてこれからは馬次郎に、江戸ッ子のうまれる所を見せべし。それあくたいの巻むかふ八まきにいわく、水どうの水でうぶゆをあび、きんのしやちほこを引まどからにらんで、四月八日の御たんじやうとはむべなるかな……。(寛政六年〔一七九四〕刊、式亭三馬作、歌川豊国画、黄表紙「人間一心覗《のぞき》替操《からくり》」九丁裏)

⒂　肴うり江戸ッ子伝兵衛八百蔵。(寛政八年〔一七九六〕春、都座「振分髪青柳曾我」。『歌舞伎年代記』五二三頁)

⒃　江戸ッ子といふ言葉は……寛政七年に出ました洒落本の『廓通荘子《くわくつうさうじ》』といふものにあるのが一番古いやうです。(三田村鳶魚はその著『江戸ッ子』三一九頁に記している。この『廓通荘子』という洒落本の原文を見ようと、この本を探索したが、ついに発見できなかった。この書名は『郭註荘子』の洒落である。晋の郭象註の荘子を通常『郭註荘子』というのだが、元文四年〔一七三九〕に服部南郭がこれを校訂出版した。安永六年〔一七七七〕早くもそれにならった洒落本『郭中掃除』が出版され、また寛政九年〔一七九七〕に同じく洒落本『廓通遊子』が出ているが、寛政七年の洒落本は『国書総目録』にも、『洒落本大系』にも見当たらない。右の二つの洒落本には、「江戸ッ子」という言葉は見当たらないから、三田村鳶魚は寛政七年のこの洒落本を所蔵していたのであろう)

⒄　遠からんものは音にもきけ、近くは目黒の眼蔵《めんぞう》まで、御ぞんじの江戸ッ子、水道の水の紫は、引

こみ思案の我まゝもの、当年つもつて五十六億七千万歳、花のお江戸にはへぬきわか衆。（寛政八年〔一七九六〕十一月、都座顔見世「清和二代大寄源氏」で市川海老蔵〔五代目団十郎〕が碓氷荒太郎定光に扮し一世一代の「暫」を演じた時のつらね。『歌舞伎年代記』五三一頁）

(18) けいせいに、まことなきにあらず。千すじとなでしくろかみも、いろ男のためにきり、十本そろふゆびも、いきぢには二三本切つておとす。けいせいの為に身をうつ客あれば、いろ男の為に年《ねん》を沈るけいせいあり。これみな江戸ッ子のはりにして、いきぢとはりとの只中に遣ひすてたる果の身は、茶やがさがりも月にまし……。（寛政九年〔一七九七〕刊、藍江作、洒落本「廓通遊子」〔夢遊篇〕。『洒落本大系』第八巻、一二四頁。）

(19) 色好ざらんハといへる、日本の放蕩家傾国とそゝなかす。漢土《からくに》の狂費家貴妃《わんふいきやアきひ》が淫婦《こゝそつぱり》、無塩女《ふえんじよ》が醜女《しミつたれ》、薄情愚意心実も、悉皆皮一枚の戯ならずや。蓋義理一辺の通情《あだつき》は、結句心のもめる種、割て見せたき女郎の腸。呑込姿の江戸ッ子の根生骨を、酔道の真水に洒して、一寸南鐐一篇の書を著し、金の鯱箇版打たる、諸君子の覧に呈す。元来戯誹《げき》の書と雖、聊悟道の捷径《ちかみち》ならん。ハテ足下《おめへ》人間一生魯生が夢、楽しミ僅二十年。ナソレおちかひ内と云爾《しかいふ》。（寛政十年〔一七九八〕刊、式亭三馬作、洒落本「辰巳婦言《たつみふげん》」の自序。『洒落本大系』第八巻、二九頁。この「辰巳婦言」には自序の前に「関東米誌《くはんとうべいしるす》」という著者表記がある。また自序の終りに「于時戊午春初仕舞翌日」とあるので寛政十年の刊とすべきであろう）

(20) 江戸ッ子のありがたさには、御乳母ちゝ一ッぺゝの時から、此里へ入りひたつて、女郎の新ン手といふこたァ、おいらが腹からおしへてやるのだ。ごてへそうだが、無骨さまといつちやァ、大町河岸みせいふにおよばず、どこの内へ行かふが一度もはたひた事がねへ、揚屋町の湯はとめ湯にして、角にいる雪踏なをしがしまつて帰る時分から、あしたの朝は、みのわ田町のおはりばゝァのくる時分、茶屋のこたつへふんごんで、むかひ酒の湯どうふを喰ひ、中の町へこへとりがならんで、若ひものゝ塩をもるころは、白川夜ふねで居る。九郎介いなりもしつぽをちゝめて、朝日如来も照覧あれといつちやァおつなせふだけれど……。（寛政十一年〔一七九九〕刊、式亭三馬作、洒落本「傾城《けいせい》買談客物語《かいだんきやくものがたり》」。『洒落本大系』第八巻、四〇九頁）

(21) 一日予案るに、此さとにやみなし、四時月よといへる語あり、あるひは一寸《いつすん》さきをやみとゝなへ、いつれや誠ならめ、つたえきく、ふるとてらざるのさかひに到《いた》らずんばしるべからず、そのしるものは何ものぞ、生水《きつすい》江戸ッ産《こ》のはへぬきなるべし。夫か伝を書してもてそのまゝみそかの月と題すのみ。（寛政十一年〔一七九九〕刊、神田あつ丸作、洒落本「青楼夜世界闇明月」の自序。『洒落本大系』第八巻、六一九頁）

花のもとに春を契り、月のまへに一夜を限る。友までも情あるハ忘れがたし。爰に友人あつまるのぬし、傾城の真実をつぶさに述る小冊を綴《つゞ》る。予閲するに後世《こうせい》恐《おそ》るべし。其情をさくる事秦の方鏡なんぞ及ぶべけんや。生水《きつすい》江戸産《ツこ》の気性をあらハし、上ミ昼三の尊きより、下鉄炮の俠通まて、ひとたび開《ひら》けバ通《つう》の意気《つう》たる事をしりぬべし。（同書の跋、六四五頁）

(22) おいらァさ、やつと生れるやいな、おんば日からかさでおそだちなすつた江戸ッ子の正銘まじりなしの通人のしやうかにやァ、どこへいつても色男一匹の通用はするは、てめへたちのよふに、二階もねへ裏店でそだち、まさきの葉でこしらへたびい〳〵をふいて、うどん屋のしるしつきを持て醬油を買にあるいたとはちがふぞよ。かたじけなくも有がたくも、ちかふよつて御めんそうをおがみやァがれ……。（寛政十二年〔一八〇〇〕刊、松風亭如琴作、洒落本「風俗通」。『洒落本大系』第九巻、一三二頁）

(23) 東夷南蛮北狄世間のおつもりも、かへり三升の定紋は、孫に揲葉《ゆずりは》ほんだはら、橙《だいだい》お江戸の厄介若衆……一声かけた某は出羽の郡司良実どのゝ股肱腹心と呼れたる般若五郎照秀。当年積つて十六歳、も一つさかさに六十市川五代相伝の我まゝもの、江戸ッ子のまじりなし……。（寛政十三年〔一八〇一〕、河原崎座顔見世「名歌徳三升玉垣」の「暫」の場で般若五郎照秀に扮した市川白猿〔五代目市川団十郎〕が歌いあげた自作の「暫」のつらね。『歌舞伎年代記』六一四頁）

(24) コイツァ大わらひだ、あまといわれたがきつくわいか、コレ耳を掘抜にして聴聞しろ、高麗屋がせりふといふもんで、玉川の水を産湯にして罾《よつ》て腰骨を固め、猪牙の枕木に尻だこの入ッたお客だ、大黒舞の舞台開キから、餅搗の音がてめへたちの胸にひゞく師走まで、朝ッぱらの鹵取《こひとり》、夕仕舞《ゆふしまい》の雪《せつ》駄《た》直《なを》しも皃《かほ》を知らねへやつハねへハ、そふさいの茄子《なすび》とちがつて、あてぬけのした男たァ、こふいつちやァ立引餅《もち》のやふたが、江戸ッ子の利辨さんを旅猿や浅黄らしきあつかふとハ、チツト正本の筋がちがふぜ。（享和元年〔一八〇一〕刊、うくひす谷白眼作、洒落本「三千之紙屑」。『洒落本大系』第一〇巻、

三七〇頁）

(25) 市川流のあらごとは、江戸ッ子のきもにひしとこたへ、義太夫狂言には、店者《たな》が袖をしぼる。（享和二年〔一八〇二〕刊、成三楼主人作、洒落本「青楼小鍋立《せいろうこなべたて》」。『洒落本大系』第一一巻、四八〇頁）

(26) 干時享和二ツの年なんでも正月初買の日於文字楼上、江戸ッ子述（享和二年〔一八〇二〕刊、富久亭作、洒落本「穴可至子《あなかしこ》」。『洒落本大系』第一〇巻、五一四頁）

(27) 東夷南蛮北狄世間のおつもりも、かへり三升の山椒の芽、小粒な背中へ大役の、重荷をしよつたらたかんまん。成田の不動に七代目、のふまくさまんだばさら者、先祖の光御ひゐきの、おかげをいたゞく二番ばへ、江戸ッ子の触がしら、水道の水を産湯にあびて……。（享和三年〔一八〇三〕市村座、七代目団十郎一三歳にて「暫」のつらね。『歌舞伎年代記』六六四頁）

(28) ナニそりやのめる酒でも、のめねへといつて、べつにとるがゐどっ子の気性さ。（文化元年〔一八〇四〕刊、十返舎一九作「東海道中膝栗毛」三編下。『東海道中膝栗毛』〔「日本古典文学大系」六二〕一六五頁。袋井の宿はずれより三香野橋を渡り、見付の宿に行く途中の道中で道づれになったときの話で、「上方もの」に話しかけられ、吉原では、どのくらい金がかかるものかと尋ねられ、これに対して弥二郎兵が知ったかぶりに地所を五カ所も一〇カ所も売り払ったことなどを細々と答えるなかで、酒一升、肴一斤の説明をするところである。ところがあとで、すっかりバケの皮がはげて、北八に「外聞のわるい、国ものゝつらよごしだ」とたしなめられる）

(29) 門弟男女蔵が助六の評判よろしきを悦ひて送りける。

此春もしつかりしめた鉢巻は江戸紫の江戸ッ子のはゞ（文化二年〔一八〇五〕の五代目市川団十郎白猿の狂歌。大田南畝著「一話一言補遺」巻九。『新百家説林』五、六三八〜九頁）

(30)　座頭のてへんかけたる歌右衛門下駄も血に鳴く初郭公。
甚シ江戸子ノ気ノ衰ヘタルヤ。

江戸ッ子の随市川のおめ〳〵となどきやうだんの下駄をいたゞく。（文化五年〔一八〇七〕刊、大田蜀山人「をみなへし」、浜田義一郎氏前掲論文による。氏によれば「をみなへし」には文化五年以外の歌集も収められているという。これらは、蜀山人の江戸ッ子びいきの史料として引用されたものである）

(31)　市川と申し候名字は、江戸子の大切なる名字なり。（藤井乙男『蜀山家集』三二四頁の注に蜀山人の私信として引用）

(32)　めりやす好きの江戸ッ子にて。（文化六年〔一八〇九〕刊、「浮世風呂」初編上。『日本名著全集』〔滑稽本〕二二九頁）
○江戸じやァそんなけちな事は流行《はや》らねへのさ。江戸前《めへ》の樺焼は、ぽつぽと湯気の立のを皿へならべて出す。たべるうちにさめたらその儘置て、お代りの焼立をたべるのが江戸ッ子さ。……江戸ッ子じや何たらかたら云ても上の者の目から見ては、トトやくたいじやがな。自慢らしくいふことが皆へこたこじや。じやによつて、江戸ッ子はへげたれじやといふはいな。山「へげたれでもいゝのさ。江戸ッ子のありがたさには生れ落から死まで生れた土地を一寸も離れねへよ。（文化六年〔一八

〇九〕刊、「浮世風呂」二編上。同、二八一頁）
作「そこは江戸ッ子だァ。猿田彦「江戸ッ子もすさまじい、此唐人め。（文化十年〔一八一三〕刊、「浮世風呂」四編上。同、三五九頁）

(33) 江戸子の物買ふ様に、大風《おほふう》に買た所が、（文化十年〔一八一三〕刊、「浮世風呂」四編中。同、三七六頁）
小田原町は所謂江戸ッ子にして、江戸役者をほめ、市川団十郎を贔屓にするも此ゆゑなるべし。……予嘆じて曰、世は澆季に及ぶといへども、日月は未だ地に落ちず。日本橋辺江戸ッ子の気象みつべし。（文化七年〔一八一〇〕、江戸中村座顔見世興行に当たり魚河岸小田原町三四〇軒の魚商人の演じた江戸ッ子ぶりをたたえた大田南畝の見解、大田南畝「一話一言補遺」巻九。『新百家説林』五、六四〇〜一頁）

(34) 予過つる夏の頃まで、東都新橋近き辺に仮住居せしかど、故ありて今また行程百里を歩て、西の田舎に来つ。種をとる絲瓜《へちま》ならねども、ぶら〳〵として当時一所不住江戸ッ子の口真似すれども、片言不通犬多かるべし。見赦し給へかし。（文化七年〔一八一〇〕刊、花山亭玉斎笑馬作、洒落本「青楼快談玉野語言」。『洒落本大系』第一二巻、五三六頁）

(35) 見立、長唄めりやす外題に寄る左の如し。

三幅対
無類
├江戸ッ子　流行
├大　坂　人　一流
└京　都　人　風流

（文化八年〔一八一一〕刊、式亭三馬作、滑稽本「客者評判記」。『日本

名著全集』〔滑稽本集〕目録の部、四三六頁。総巻頭、四四六頁）

どうしたもんだ、小りきみに中の字をきめるばかりが江戸ッ子じやねえ、流行に後れた男だぜ。ハテ落着て理屈をいふが真の江戸ッ子と云ふものだ。他国の人の想《おもは》くも恥かしい。きさまたちのは江戸ッ子まがひといつて真物《ほんもの》ぢやァねへ。（同、四四七頁）

江戸ッ子の有がたさには、ぎやつといふから金の鯱をおがんで、（同、四五二頁）

市川流を最屓にしねへ者は江戸ッ子ぢやァねへのさ。（ここと「江戸ッ子の芝居好」と題し、七代目市川団十郎の図あり。同、四五五頁）

江戸産れは、わきひら見ずに江戸風を押てゆかねば江戸ッ子ぢやァねへ。其証拠には江戸で世渡の出来兼るものは一人もねへ。これ明かな利屈だはさ。江戸ッ子〳〵と云て訳もなくりきむばかりが江戸ッ子ぢやァねへ。真の江戸ッ子といふものは芝居の見やうで知れる。ハテ市川流はめざましいはさ。江戸の芝居のやうに見える。コレこの役者付の三升を見なせへ、ハテそこが江戸ッ子だはな。（同、四五六頁）

(36) 「宗旨は代々山王さま宗……「山王さまはおれが最屓だからおれが宗旨にして置ァ。……おらあ何にも願はねへがナ、おれがマァ、二三百年も過て死だら、輿を人形屋へ誂へて、□《まんど》のやうに拵《こせへ》させてナ、そいつを牛車にのせて馬鹿囃子よ。ヨシカ。施主や店受《たなうけ》には赤熊《しやぐま》で面をかぶつて、ひよつとこを踊つて貰はアス。そうしたら親分も音頭を取て呉やうから、友子友達が手木前《てこめへ》で輿樗《きやり》をやらかして呉やう物ならおらァうかむぜ。ホンニヨ。今から遺言にして置ァ。若間違ふと幽霊になつて取付ァ。でん「てめへの面《つら》で幽霊はをさまらねへ。びん「あれは音羽やの様に好《いゝ》男でなくちやァはえねへ。熊「チヨツ、なんでもけち付だな、そんなら仕方がねへ、化物で出て呉れべい。びん「てうど能《いゝ》、野暮が化物に為《なつ》て出りやァ箱根から先だ。でん「所詮江戸ッ子にやァ取付ねへス。「なんの江戸ッ子まがひめェ、こんな野郎があるから江戸ッ子の評判が悪い。（文化八年〔一八一一〕刊、式亭三馬作『浮世床』岩波文庫本、二二～三頁）

「きつい上方腹だ。てつきりそんな事と思つたのさ。作「なんぢやい、上方腹とは何のこつちやい。上方の腹ぢや迚《てゝ》、仕入物でも無《なけ》にや、江戸子のはらぢや迚《てゝ》誂向ぢやあるまいがな。「御あつらへ向正銘請合現金かけ直なし五分でも引かぬといふは本たていれの江戸ッ子のはらさ。（同、三六頁）

「夫から比ては江戸ッ子の早さなんでも目紛《めまぎ》らしい様だ。此礫《このはつゝけ》めといふが速いか握り拳《こぶし》で脳天をポントくらはす。なんだ此奴《こいつ》はといふ隙に向脛をポキリト擲打《たゝつくぢく》はさ。（同、三七頁）

「お前がどんなに力身なすつても江戸は繁花の地だ……

「江戸ッ子の金をおまへがたがむしり取て行くのだ。

「お江戸といふ所は此上もない繁花の地で金設《かねまうけ》が目の前にちらつく。じやによつて大道に金が満〳〵て、早う拾へ早う設いと云はぬばかりじやが、江戸子は其金を設る事が下手ぢやはい。先第一金が嫌と見えるはい。（同、三八～九頁）

(37) 江戸ッ子の肝ほうほふのゐじき也（文化八年〔一八一一〕十月二十二日開。「柳多留」六篇、21オ五、山猿。杜蝶評）

(38) ○かみ方者△江戸ッ子、かけ合のくだ。……江戸ッ子が行やぜひ富士見さ。……上方のやつらはあたじけなくて欲ばかり深い……江戸ッ子〳〵といふても、江戸子はみな極道ぢや……江戸子の癖といふたら、気ばかり強うて埒がないナ。マア言うて見よなら、底のない袋へ物をつめるやうなもんぢや……（文化十年〔一八一三〕刊、式亭三馬作、滑稽本「一盃綺言」）

(39) 眼に青葉山時鳥てつぺんかけて、松魚〳〵と売声もいさみ肌なる中《ちう》つ腹。五十五貫も何のその、河岸の相場は半分でもまけぬ江戸ッ子、水道の水に洗ひあげたるいけだての生ていでもの店先の算盤つくならよしなんし、……得意旦那は八百八町、八千八声時鳥、初といふ字をいさみにて、松魚〳〵と走り行。（文化十年〔一八一三〕三月、江戸中村座上演「初かつほ」二番目、富本の変化舞踊一二カ月物「四季詠高《(寄カ)》三ツ大」の四月之部がこの「初かつほ」二世富本豊前太夫・常太夫・駒太夫演奏、鳥羽屋里長作曲、市山七十郎振付、三世坂東三津五郎が踊った。伊原敏郎著『歌舞伎年表』第五巻、五一四頁）

(40) 夫東武に生れ、上水の清流に生立し身は、将軍家のご威光を両肩に荷ふが故に、若齢の昔より数十度、他国に遊ぶ折柄は、我住国を譏り、土地を壊《こぼち》なじるの族に出会するといへども、鸚鵡返しに答へて、これまで一度にても引をとらず、東武の気性みなかくの如し。予今歳老て牙歯ぬけ落、顔容昔に異たりといへども、嗚呼つがもねへ、江戸子なるものを。（文化十一年〔一八一四〕刊、小石川

水道町廓然寺住職教順著『十方庵遊歴雑記』）

(41) 年こそよつたれ、江戸ッ子の元祖。（文政七年〔一八二四〕刊、岡山鳥作、渓斎英泉画「楊弓一面一当利」。三田村鳶魚『江戸ッ子』四六頁にも引用あり。五世松本幸四郎のことをいったものである）

(42) 江戸児の産声おきやあがれとなき（文政八年〔一八二五〕十二月の葛飾句会。「柳多留」九六篇、17丁ウ七。大曲駒村著『川柳大辞典』）

(43) 金を出したそのうへに、ふ縁とならば親子が恥を世間へさらす面目なさ。やうすを篤と聞てから、誠もあらば千両が、二千両でも身請して、夫婦になさんと如才なく、おつな所へ気がつくも、これまさに江戸ッ子の親父株。年は寄つてもなか〱に、行わたりよく見えにける。（文政九年〔一八二六〕刊、東里山人の作?、洒落本「花街鑑《さとかがみ》」。『洒落本大系』第一二巻、五九〇頁）

(44) 嗚呼つがもなき根生の江戸ッ子（文政十二年〔一八二九〕刊、為永春水作、人情本「玉川日記」五編、珍奇楼主人の端書）

(45) 蜆子程好く江戸ッ子の木場ひゐき（天保六年〔一八三五〕二月七日開、和歌暮里草庵会「柳多留」一四二篇、24オ二、竹子。竹賀評）

(46) 名からして江戸つ児らしい源次綱（天保七年〔一八三六〕十月朔日開キ、「風柳庵弘会」卅四丁ウ一。誹風「柳多留」未編入の配り本。大曲駒村著『川柳大辞典』）

(47) 本所総鎮守中御前開帳あり。参詣群集して隅田川の土手へ葭簀張の茶見世出でしが一向商ひなき

故に
江戸ッ子がはじをさらすか隅田川　うちの御ぜんで銭はつかはず　（天保十五年〔一八四四〕二月、「天言筆記」。『新燕石十種』第一巻、一八一頁）

(48) 江都開発以来未だ曾て有らざる変事地妖といふべし、と諸人いひけり。後に聞けば、大店の閉したるは大八車四五両に大勢取り付き撞き破り打ち毀したるのち酒食をむさぼりしが、同類盗を禁じたるは、いはゆる江戸ッ子なるべし。（弘化三年〔一八四六〕刊、岩瀬〔山東〕京山著「蜘蛛の糸巻」に見える「うちこわし」の項の一節。『聖心女子大学論叢』第三〇集所収、助野健太郎校訂、早稲田大学本『蜘蛛の糸巻』一二二頁）

(49) 田舎者にはよい〱といふ病ひはねエぜ。江戸ッ子ばかりか。夫じや江戸ッ子の看板だ。ありがてへ、強さらしだ。（弘化三年〔一八四六〕刊、滑稽本、一筆庵主人作「稽古三味線」）

(50) 江戸は俠気の強き土地にて、人に物を頼まれ世話を仕出せば、命にかけても世話を仕抜くゆへ、江戸ッ子といふて、幡随長兵衛もそこのけじやといふは、遙昔のことにて、かならず嘘にもその様な人が有ふとは思わぬがよし。……旧は上方野郎の毛斉六のと糞おろしに悪口をいふたが、江戸子の気性を見せるには相応に銭が入事なれば、天保已来此悪口とんとはやらず。誰云合すとなしに、上方衆は物言ひが艶しいなどゝ誉てかゝつて、何ぞ奢らせるさんだん中々利口な物とはなりけり。かういふ事は人しれず京都へ祝儀持て習ひに来る者が有かもしれぬ。扨江戸子は甚だすくなひものにて、二親共に江戸産れの中に出来たは真の江戸子なれど、そういふ者はかへつて遠国又は在所へ引籠り、二親の内何れぞ江戸の者なれば、相手は皆他国の者也。然れば大方が斑といふ者にて、江戸子一歩斑三歩残り六歩は皆他国在郷ものゝ寄合の中にて、江戸へ出会して出生せしなれば、やはり田舎子也。それが生長すると、おらァ江戸子だ〳〵といふから、イヤハヤ何とも詞なし。（弘化年間ごろ（一八四四〜八）の著、西沢一鳳作「皇都《こうと》午睡《ごすい》」三篇中の巻「俠者は昔の事」。『新群書類従』第一「演劇」七〇五頁）

(51) 江戸ッ子のたゞ一声やほとゝぎす　（駒込大観音境内区碑、年代不明、江戸時代らしい）

(52) 此書附（上意の書附）を江戸中一般へ触れられ、今迄上意の旨、町触せしことはなきに、之を普く触れられたです。なぜなら旗本御家人の外、彼の江戸子と唱へる日本橋芝等の魚河岸から鳶の者抔、甚だ危険だからで、中々鼻張りの強き者多く、ちと煽動したらすぐだからです。（村山鎮作著「村摂記」。村山鎮作は徳川慶喜の小姓をつとめた人で、この記録は明治になって書いたものだという。中央公論社版『未刊随筆百種』第三巻、一八九頁上段）

(53) 江戸守衛を名として市中の壮丁を雇ひ上げ、これを町兵と称へ、日々、数百名を桔梗門の広芝地に集めて、仏式操練を試みたり。元来江戸火消人足抔の気象は奨励の法、其機に中れば生を軽んじ死を忘れ、水火を践むの風習あるゆへ、火消人足の組々に分ち、隊伍を編成し、頭取纒持等を以て、之を管轄せしめたれば、四十八組の総人数、凡そ六七千人の多きに上りたり。且つ当事者は、江戸気象に相応なる仕向けを以て、鼓舞したれば、老少の別なく、奮発興起し、朝にも敵来らば、未練なく討死して、江戸子なる名に恥ぬ様にと、互ひに警しめ、相励まし、揚々自得の有様は、実に一方面の強敵を防禦するに足るの、有様なりき。（『旧幕府』第一巻第四号、七三頁。「黙斎随筆」故関口隆吉遺稿不肖隆正増注）

(54) 東京人――旧名江戸ッ児――は動的種族也。天下東京人の如く能く動き而も動くことを好む者なし。之に発動のエンジンたる心理的作用あり。名づけて「張り」と云ふ。「張り」を別ちて二種となす。一を「意気張り」と称し、一を「見得張り」と呼ぶ。（明治三十六年〔一九〇三〕刊、伊藤銀月著『最新東京繁昌記』上巻、一頁）

(55) 山王大権現・神田大明神の産子の土地に生まれし者を江戸ッ子と唱えたり。（本書「いろいろな江戸ッ子説」の四代目広重説に全文引用）

以上明治のものは、原則として載せないことにしたのだが、江戸ッ子の研究に必要な条件をもっていると考えられるものをごく少数を収録した。この「江戸ッ子文献一覧」は、江戸ッ子という言葉の見える一部だけを引用したもので、なかには、もっと長く引用したほうがよいと考えられるところもあったが、冗長をさけて短文引用とした。そのため、書名だけとか、名前だけの引用に終ったものもあり、なかでも、(13)の『天狗礫鼻江戸《てんぐつぶてはなのえど》ッ《つ》子《こ》』は、五代目と六代目の市川団十郎を話題にしたもので、珍しい黄表紙であり、この二人の団十郎は、江戸ッ子にとっては、きわめて重要な位置を占めていると考えられる。そこでこの『天狗礫鼻江戸ッ子』だけは、次に全文を収録したいと思う。

付 『天狗礫鼻江戸ッ子』

桃栗山人柿発斎

この黄表紙の著者桃栗山人柿発斎《ももくりさんじんかきはっさい》という人物は烏亭焉馬《うていえんば》である。この焉馬は談州楼とも立川《たてかわ》焉馬とも称した。大の五代目びいきで、「市川白猿七部集」を刊行したり、本所相生町の住居を団十郎の三升紋で飾ったり、足袋の看板に柿の三升の紋をつけて江戸の花足袋という店を出したりしたほどであった。

焉馬の著『江都歌舞伎年代記』にも、特に団十郎代々のことが詳しく収載されており、江戸ッ子文献としても重要なものの一つである。その焉馬が、五代目と六代目の団十郎が鼻の高い美男子であったのを天狗に見立て、江戸ッ子らしい奇知縦横の行状を展開させて、人々をあっと言わせた面白い読物としてこの本を書いた。

宝暦から天明ごろまでの間に、天狗の名をもつ読物がかなり出版されているが、この本の天狗は、焉馬が序に記しているように、独善的なうぬぼれのいわゆる天狗振りと嘲笑されるような天狗でなく、まことに奇想天外な行状を書いたもので、団十郎の人気をいっそう高めるのに効果があったと考えられる。歌川豊国の絵が巧みである。

しかも、「文献一覧」ではよくわからないけれども、この『天狗礫』の最初のところを読み、『江都歌舞伎年代記』を詳しく見ると、たとえば、文献一覧の⑾に見える岩井半四郎の寛政三年（一七九二）の「暫」のつらねの一節「かへり三升の本店は、葺屋町にて改名の」とあるように、三升の本店は団十郎、葺屋町《ふきやちょう》は市村座で、五代目団十郎が一四歳の六代目に団十郎を譲る襲名披露興行をしていることを謳いあげているのである。

若紫江戸ッ子曾我

この団十郎父子が大江戸の人気を集めている江戸ッ子ぶりが、一四歳の少年六代目団十郎の「顔見世改名のせりふ」で「たゞぶ気用の小わつぱでも、お江戸風じやと思し召し……」というような見せ場や、五代目の渋谷金王丸昌俊を演じた「暫」のつらねなど、この寛政三年の江戸劇壇には、江戸ッ子意識が大きく高揚していると考えられる。そうして、その翌年が、「文献一覧」の⑿に示したように、五代目・六代目団十郎とその弟子たちで「若紫江戸ッ子曾我」を演じているのである。これは春狂言だから、襲名に引続いた正月の芝居である。

このように見てくると、寛政三年の暮から翌四年の正月というところが、江戸劇壇での江戸ッ子が大きく高揚された一つのピークをなした時期と見うる。

このような、お江戸風を象徴している団十郎親子やその弟子たちを若紫の江戸ッ子に見立てた江戸の芝居は、いわば江戸根生いの住民たちの心意気の象徴でもあって、焉馬は、このような世の風潮を

五代目団十郎の「暫」の図（『歌舞伎年代記』）
五代目団十郎が六代目にその名を譲って海老蔵となり、渋谷金王丸昌俊に扮して「暫」を演じた時の舞台絵。

目ざとく見ぬいて、その翌年にこの本を刊行したのである。当時は黄表紙や洒落本のみならず、新刊本は、その多くが正月に売出された。だから、この本は「若紫江戸ッ子曾我」が演じられて間もなく書かれ、それを板木に彫って、その年のうちには本に仕上げたものと考えられる。

このように見てくると、寛政三年（一七九一）から四年の江戸ッ子意識の高まりが、この『天狗礫鼻江戸ッ子』という本に集約されていると考えられる。この本は現在成田山史料館と国立国会図書館と東京都立中央図書館の加賀文庫と三部だけ伝わっているが、表紙の文字は三本とも異なっている。成田山史料館のは「寛政五年　天狗礫鼻江戸子　豊国画　上中下全　桃栗山人柿発作」とあり、国会図書館のは「桃栗山人作　豊国画　秩父版　寛政五年　美満寿親玉　天狗礫鼻江戸子」とあり、加賀文庫のは「美満寿親玉　天狗礫鼻江戸ッ子　全」とだけある。内容は加賀文庫のものが最も鮮明で完形に近いと思われる。以下加賀文庫本により全体を載せ、図中の文字は、図の下部に読解文を記した。

「美満寿親玉 天狗礫鼻江戸ッ子　全」（東京都立中央図書館蔵、加賀文庫本）

一、本書に収録するにあたり、原本を図版として上段に、読解文を文意の通じるよう図版の下に配列した。

一、原本の図版と読解文とに多少のずれがあるため、各ゴチック体平数字を付し、対称の便をはかった。

一、原本には句読点はないが、読みやすくするため挿入した。

一、原本は、ほとんどひらがなで書かれているが、読みやすくするため適宜行中に（　）で漢字を充てた。

一、原本にはないが、人物の詞には「　」を、その人物を（　）で示した。また（　）の付せられていないものは、原本に記載されていることを示す。

（表紙）

美満寿親玉 天狗礫鼻江戸ッ子　全

（見返し）

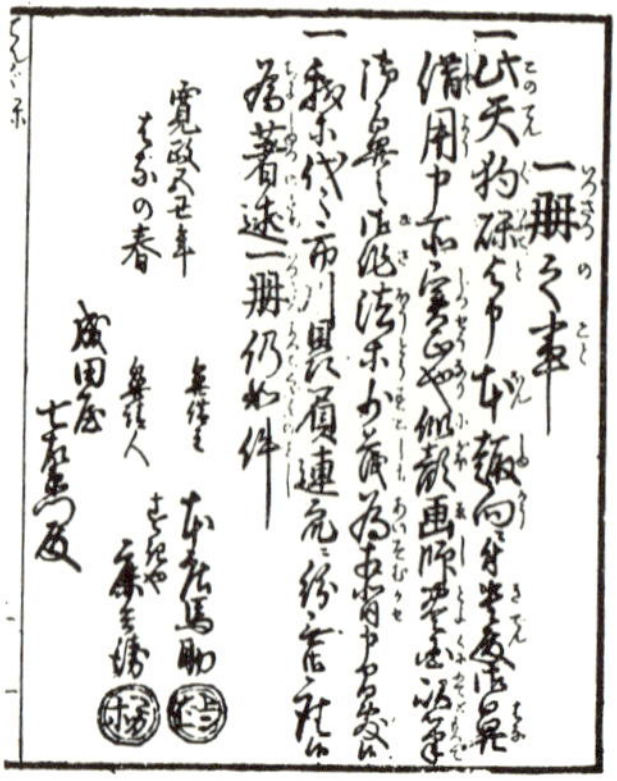

作者　桃栗山人
校合　鹿杖山人
天狗礫《てんぐつぶて》鼻江戸子《はなのゑどつこ》
浅草茅丁
板元　秩父屋

一冊《いつさつの》之事《こと》

一、此天狗礫《このてんぐつぶてと》与申本趣向《ほんしゆかう》ニ付貴殿《きでん》御鼻借用《はなしやくよう》申所実正也《じつせうなり》。似顔画師豊《にかほゑしとよ》国以筆《くにふでをもつて》御鼻之御作法《ごさほう》等少茂為相背《とうすこしもあいそむかせ》申間敷候。

一、我等代々市川贔屓連衆ニ紛無御座候。為著述一冊仍如件《ちよしゆつのためいつさつよつてくだんのごとし》。

寛政五丑年
はなの春

鼻借主　本庄　馬助㊞
鼻請人　すきや　鹿兵衛㊞

成田屋
七左衛門殿

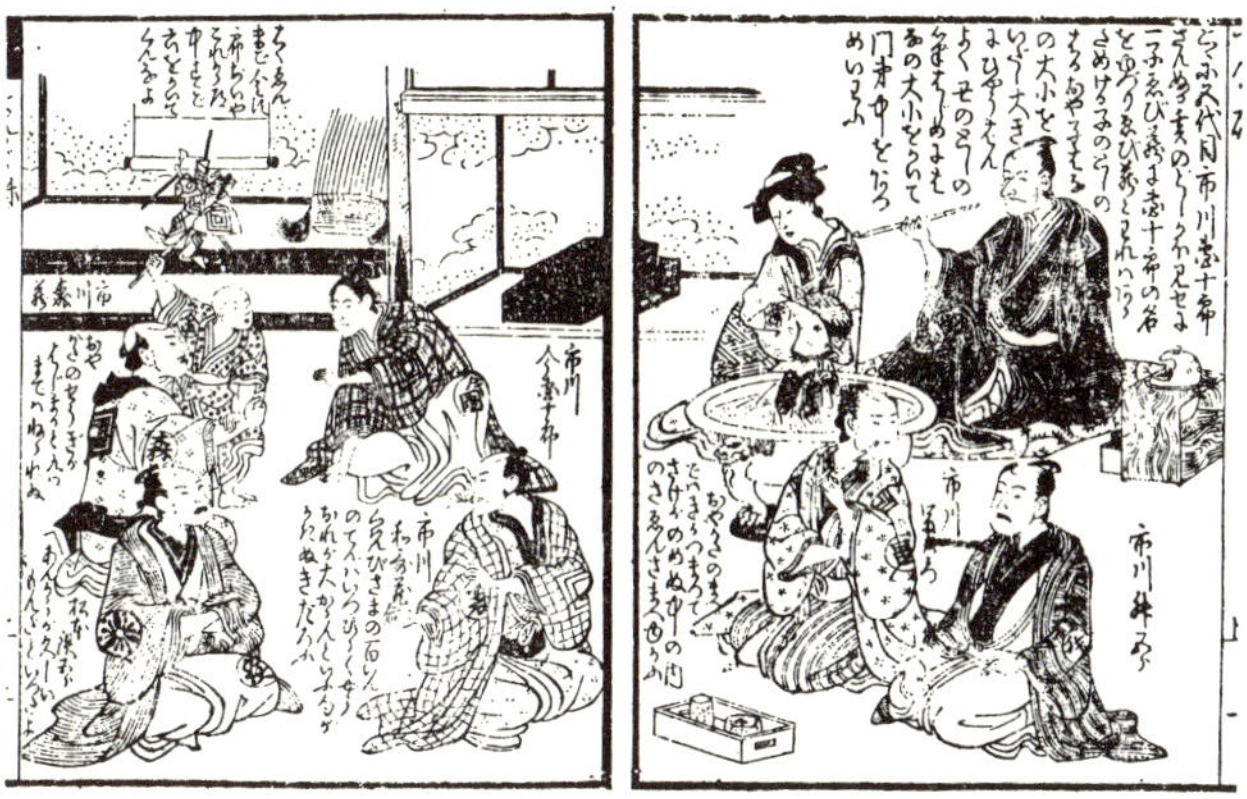

(一)

(一)　こゝに五代目市川団十郎、さ《去》んぬる亥のとしかほ《顔》見セ《世》に一子ゑび蔵に団十郎の名をゆづり、ゑび蔵とわれハあらためける子《ね》のとしのはる、おや子はな《鼻》の大小をいだし、大きにひやう《評》ばん《判》よく、丑のとしの筆はじめにはなの大小をかいて門弟中をあつめいわふ。

市川升五郎

市川いま右衛門　「おやかた《親方》のまへでハ、きがつまってさけ《酒》がのめぬ。中の内のさゑんさまへゆかふ。」

市川今団十郎

市川和歌蔵　「くハんびさまの百いんのてんハいつひらくやら、おれが大からんといふ句がかきぬきだろふ。」

松本鉄五郎　「〽あんかーが久しいもんだといつた。」

市川森蔵　「おやかた《親方》のセうぎ《将棋》がはじまると九ツまでハね《寝》られぬ。」

(子供)　「はくゑんまで金次郎ぢいや、これから道中すご六をかいてくんなよ。」

(二)

(二) 山しろの国舟をかの西にあたつて、かるわざのれんだい野といふところあり。此野中《の》一本杉にてんぐあつまりていふ。やう《夜》すぎしころ、「市川ゑび蔵はな《鼻》のたかいハおやゆづり、いよさのすいしよできハざんざ」といふはやりうたをきいて、おやぢ《親父》のうゑ《植》しさく《桜》らのもとにて、

はることに咲庭もセの桜木も
おやのゆづりのはなにぞありける

花とはな《鼻》との狂歌をよミ、またことしもはなの大小、とかくにはなのひようばん《評判》ばかりすれバ、此はなをひしぐ《拉》べしとそうだん《相談》する中にも、たいとう《大塔》ぜかいぼうといふ大てんぐ、此ついでににつほん《日本》をまとへにせんと、まずミぞこへてんぐ、このはてんぐをあつまへ、くだり《下》やうす《様子》をうかゞふべしといゝつけける。

ミぞこへてんぐ
このはてんぐ 両人お《仰》ゝせをうける。「なるほど此よふなよりあい《寄合》ハ、太平記このかた仁和寺のハ六本杉、これハのなかの一本杉。」どつとほめたり。

(大てんぐぜかいぼう)「これじよさいハあるまい。米の高ひやすいかまハぬ。ハテはなたかきがゆへにたんとくわづだ。」

(三)

(三) かくてミぞこへぼう、このはぼう両人のてんぐ、くも《雲》うへをゆくもめづらしくなければ、舟にてくだ《下》るべしととふ〱ミなだ《遠江灘》をこへ、いづ《伊豆》のくにのはな《端》にかゝり、つり《釣》するものにとへバ、「いづ《伊豆》さがミ《相模》のはな《端》」といふ。大船のほ《帆》をかけてはしるをミてきも《肝》をつぶす。

(ミぞこへてんぐ)「いつそこれからおか《陸》をゆかふ。」

(このはてんぐ)「おやふね《親船》のとをる、はな《端》がある、とんだ事だ。」

(つり人)「あれハさがミ《相模》のはな《端》、おやふね《親船》がとをります。」

㈣

㈣　両人のてんぐハ、さがミどの《相模殿》ゝはなにききおぢして、くがぢ《陸路》をゆくべしとて、ふね《船》よりあがり、はがい《羽交》をかくし《隠》てミても、はなが目にたつにこまり、さるづきん《頭巾》といふものをかい《買》、目ばかりだしていそぎけるが、しばらくこし《腰》うちかけているをりふし、せけん《世間》のよめ《嫁》女ぼう《房》のうわさ《噂》をきけバ、ぢさん《持参》の金をはなにかけ、千両やしき《屋敷》をはなにかけるとの事ゆへ、又きも《肝》をつぶす。

(さがミやの客)「金兵へさんきいてくんなさい。おらがかゝアハ、じさん金をはなにかけ、ぬいはり《縫針》をはなにかけ、なぐさミ《慰》のさミせん《三味線》までもはなにかけ、かないぢう《家内中》をかきまハします。」

(金兵へ)「イヤどこもおなじ事、おらがぢぬし《地主》のよめ《嫁》ハ、きりやう《器量》ハよふもないが、千両やしき《屋敷》をはなにかけ、ひる日なかねたりおきたりします。」

(ミぞこへてんぐ)「いろ〳〵なものをはなにかけ、かない《家内》をかきまハすとハ、すさまじいものがあるの。」

(このはてんぐ)「されバさ、千両やしき《屋敷》をひつかけるはなもあるそふだ。」

(五)

(六)

(五)　木《こ》のはぼう、ミぞこへぼう両人ハ、じせつ《時節》をうかゞいゑび蔵がはなをひしがんとおもひけるなれど、よ《世》をしのぶにハ、はね《羽》がじやまとなりけれバ、とうぶんはね《羽》をたゝんでこし《腰》へつけてあるく。

(このはてんぐ)「はね《羽》がなければなんのいの。」

(ミぞこへてんぐ)「これハくハいちうとうゆのようだ。」

(このはてんぐ)「夜ミち《道》をゆくにも、はね《羽》がじやまでござる。はね《羽》がかたき《敵》のよ《世》の中じや。」

(六)　それより両ごく《国》のミせもの《見世物》をミ《見》んといでしに、てうちん《提灯》のた《大》いぞう《象》とて、はなの長サ壱丈とあるかんばん《看板》をミて、だん〳〵てうへ《手上》のあるものかなとおどろく《驚》おりふし、ミぞこへぼうかはね《羽》をいれしさげものをおとす。

(木戸番)「江戸中ひやうはん《評判》のハこれじや〳〵。」

(ミぞこへてんぐ)「はなの長サ壱丈、とほうもない。そして三丈〳〵とあるハ、ゑびそうがむすこ《息子》かの。」

てうちんの
大象《ぞう》　高サ
三丈　胴《どう》廻りハ
三丈　はなの長
サ壱丈

(七)

(七)　さてもミぞこへてんぐはね《羽》をぬす《盗》まれしより、木のはてんぐもはね《羽》のあるうち、しばい《芝居》をミ《見》んと両人切おと《落》しへまぎれいり、よ《様》うす《子》をうかゞいける。

此とき、きやうげん《狂言》介六にてゑびぞう、市川りう《流》のあくたい《悪態》、はなのあなへ、やかたぶね《屋形船》をけこむ《蹴込》といふ。これをきいておどろき《驚》にげ《逃》かへる。

やくわりハ、

あさがほせん平　市川弁ぞう
かんぺら門兵へ　中嶋和田ゑもん
ひげの伊久　尾上松介
白ざけうり　市川こまぞう
すけ六　市川ゑびぞう
あげまき　山本岩之丞

此あげまきハ、さしつめとしやく《杜若》か、はまむらや《浜村屋》でありそうなところを、岩之丞とハよほどはな〴〵しくかいたきやうげん《狂言》なり。

（八）

（八）　ミぞとびてんぐハ、やみくもにこのはをそゝのかし、ほうぐをあるき《歩》ける。
　あるよ《夜》、永久ばし《橋》のほとりにて、いろことなる女をミてとへ《問》ば、まんぢう「ふなまんぢう《船饅頭》」といふ。もとよりはなのたかきものハ、まんぢうをすきけるゆへんにや。ついなじミ《馴染》ける。

（船頭）「アイしんぞう《新造》のおちよ。」

（ミぞこへてんぐ）「〽おちよとハ、はなにはけんとく《見徳》のわるいなだぜ。」

（おちよ）「はやくのんなよ。」こふ。

（ミぞこへてんぐ）「ぎり《義理》いつぺんのあだ《婀娜》つきハ、てんぐこゝろのもめるたね、やすくハないしんないぶし《新内節》だ。」

（このはてんぐ）「はやくまたぎやれ、それ三つだんごのてうちんだ。」

（このはてんぐ）「いらぬものととめたが、おれもきがわるくなつた。はちまき《鉢巻》へひつはさもう。」
（九）　ひとくちもの《一口物》にてほう《頬》をやく《焼》とやらにて、両人ふなまんぢう《船饅頭》をかい《買》しゆへ、ほうハやかねどはなのいたミ《痛》となり、ミぞこへハはながおち《落》、このはもはなのさきいたミ《痛》て、かうやく《膏薬》をはる。
　かくてハならずと、つうてんぐにそうだんしければ、てんぐのよりあい《寄合》をはじめたらバ、めいじん《名人》のさいくをたのミはなをいれてもらわんと、いれはなのくわいをもよ《催》ふす。

（九）

松東庵におゐて
入鼻会興行　溝越坊　木葉坊

（このはてんぐ）「〽これをおもてへ、二三日まへからだしてをくのか。よくできた。」

つうてんぐ「なにさ、なぐつておきやした。」

（このはてんぐ）「いればなのりようじ《(療治)》をするのが、やかましくのふてよい。てんぐはいかい《(天狗俳諧)》もふるし。五十人こう《(講)》ハまちどをしい。」

だん〳〵あき《(秋)》になるセいか、このはてんぐのはなのさきがきばミおちる。

（このはてんぐ）「ふゆハさむかろう。ぐひん《(愚貧)》なつのうちじやなア。」

（めいじん）「いつそちんぶつちやや《(珍物茶屋)》の、小てんぐのはなをいれるがよい。」

（ミぞこへてんぐ）「はながいたくハよしの《(吉野)》へござれ。こいつもふるいかの。」

（めいじん）「いれめ《(入目)》でも、いればな《(入鼻)》でも、金しだいでてきます。」

ミぞこへハはながをち《(落)》しゆへ、かうまんがまんのミぞてんぐ。ともにいれはなのくハいをたゝむ。

（めいじん）「すりものハ、とゐんがよいといゝますちや。」

(10)

(ミぞこへてんぐ)「ちやや《茶屋》ハやなぎばし《柳橋》かの。」

(ミぞこへてんぐ)「てんぐのはなおちハ、しろうり《白瓜》とちがつて、ひとくちもくわれぬ。ア丶ぐひん《愚貧》のもののありさまや。」

(ミぞこへてんぐ)「ア丶はながいたい、ふが〳〵〳〵。」
(10)　やなぎばし《柳橋》しも、てんぐにハやわらかなれば、松杉の名のついたところがよかろうと、やげんほり《薬研堀》のセうとうあん《松濤庵》にてしかるべしときわめ、くハい《会》日にもなりしかバ、てんぐども、にた山〳〵よりきい《聞》たふう《風》をおこし、そら《空》をかけつてあつまる。
(天狗一)「あたご《愛宕》へがく《額》をあげよふ。」

(天狗二)「もふちんきんぼりハないところだによ。」

(天狗三)「きこうのなり《形》ハ、つぢはつけ《辻八卦》にそのまゝだ。て《手》のすじ《筋》をミてください。」

(天狗三)「せん〳〵ちとうまいものをおだしなさい。」

(このはてんぐ)「うまいものとおつしやれば、どらやき《焼》、さつまいも、これはくさぞうし《草双紙》のおさだまり、けふハしぎりであがれ。」

(ミぞこへてんぐ)「五人でなんりやう《南鐐》とハあんまりだ。あたま《頭》かづ《数》にわりつけれバ、ぐひん《愚貧》がいつしん〳〵《沈々》。」

(会主)「それで夜にさんど《三度》、日にさんど《三度》のぜんふだもなしに、ちざけ《地酒》をあつがん《熱燗》にねつてつ《熱鉄》のごとくしてだすから、さのミそん《損》もないの

（二）

（三）

さ。」

（ミぞこへてんぐ）「とほうもないほんだの。てんぐがあつま《集》つたほんだの。てんぐ与吉がにようぼ《女房》ハどうだ。」

（二）　どふやらこふやらはねくハいにていればなをして、両人でハかなふまじと、そら《空》をまねきければ、せかいぼうをはじめとして、もろ〳〵のてんぐとびきたる。

（ミぞこへてんぐ）「すご《双》六のさい《賽》の五をミるよふだ。てん《天》に五があるからてんぐさまだな。」

（このはてんぐ）「サアどざい〳〵、てんぐさまハはやす《囃》がおすきだ。わい〳〵わいよ。」

（三）　〽こゝに市川もんんてい《門弟》のうち、ころうぢもくとよばれたる市川門之介、だん〳〵ひやうばん《評判》よく、ことしよりざがしら《座頭》となり、なを〳〵きようげん《狂言》のこんたん《魂胆》にかゝり、すこしまどろむ《微睡》をりから、大こくてん《黒天》あらわれつげ《告》たもふ。

（大こくてん）「ぜんざい〳〵《善哉善哉》なんじ《汝》こゝろすなをなるゆへ、ふうき《富貴》のミ《身》となすべし。このころてんぐども此ど《土》へわたりセうげをなさんとす。されども日本のてんぐ太郎ぼう、次郎ぼう、三尺ぼうなぞという、ぼうづくしの中にあるてやい《手合》でハない、ミな《皆》むはん《無判》の、てんぐ《天狗》はうちわ《羽団扇》をもつてきい《聞》たふう《風》をおこすともこんしのとくハ風なり。

（三）

ふく《福》のかミ《神》にてあふぎ《扇》をこしらへけるならば、すへひろ《末広》くはんじや《繁盛》うすべし。そのかたち《形》ハ、三ごく《国》のふじゆめ《富士夢》にミてさへ一ばんなり。ゆめ〳〵うたごう事なかれ。此あふぎ《扇》をふじ《富士》にするが。」たいめん《対面》によくあるやつゆへ、くとう《工藤》ハいわぬとすこ神じやれにしやれたまふ。

（三）　それより門之介ハ、だいこくてん《大黒天》のつげ《告》にまかせ、しやわせ《仕合》もよし、てうがしにめでたきのや《目出度野屋》といふのれん《暖簾》をかけ、あふぎ《扇》ミセをいだしければ、大はんじやう《繁盛》にて、ミな〳〵《皆々》かい《買》にくる。

（客一）「おめさんハきよう《器用》だから、ついをりならいなさりやせふ。」

（客二）「しんしやさん、ついでにほつく《発句》をかいておくれ。」

ミぞとびてんぐ、このはてんぐ、しのんでやうす《様子》をうかゞいにきたりけるに、ますと四つもミぢのかへもん《替紋》をミて、はうちわ《羽団扇》とおもふ。

（ミぞこへてんぐ）「おいらがなかま《仲間》ハ、一本づゝもつているはうちわ《羽団扇》を、四ほんもん《紋》につけるとハ、どれほどはながたかいやら、めつたにはいられぬ。」

（一四）

（一四）　ミぞとびハ、たきのや《度野屋》よりにげかへり《逃返》しをきいて、このはてんぐのてした《手下》どもざんねん《残念》におもひさきがけ《先駆》してきたりしを、きやうげんさくしや《狂言作者》に名をゑたる金井三笑、さくらだ《桜田》治介、ます山金八、いづれもげんすいけりやく《計略》をもつておびきよせ、せうちう《焼酎》をぬの《布》にひたしてひ《火》をとぼし、ねつてつ《熱鉄》のごとくミせ、とぶろく《濁酒》をのま《飲》セければてんぐ大きによつて山でらをうた《唄》ふ。されどもはなやちるらんといふところハ、てんぐもこり《懲》てうた《唄》わず。

（三笑）「〽せうちう《焼酎》、とぶろく《濁酒》、しんはんかわりましたとぶろく。」

（ミぞこへてんぐ）「どぶろく《濁酒》だとおもへバせうちう《焼酎》たといふ。せうちう《焼酎》とハむかしの七三が事だ。おらアもういやだぞ。」

（このはてんぐの手下一）「アヽとぶろく《濁酒》三十六はい《盃》のんだ。」

かくてをりをミあわせ、ちよんといふきつかけに、ドロ〳〵といふまもなくあめかせ《雨風》のしかけハ、くるまをまハし、またはらうそくばこ《蠟燭箱》へいし《石》をいれてふりまハセバ、いかつち《雷》のおときこゆる。これにてんぐどももきも《肝》をつぶし、すさまじきにんげん《人間》のちへ《知恵》かなといゝきげん《機嫌》にたを《倒》れふす《臥》。めがさめ《醒》たらバやかましかろうとふろしき《風呂敷》をとりよせ、てんぐのかほ《顔》をつゝミける。よ《世》にてんぐのめん《面》を、ふろしき《風呂敷》につゝんだよふだと、おかしきことにきゝしが、さてミ《見》たふもないもの。

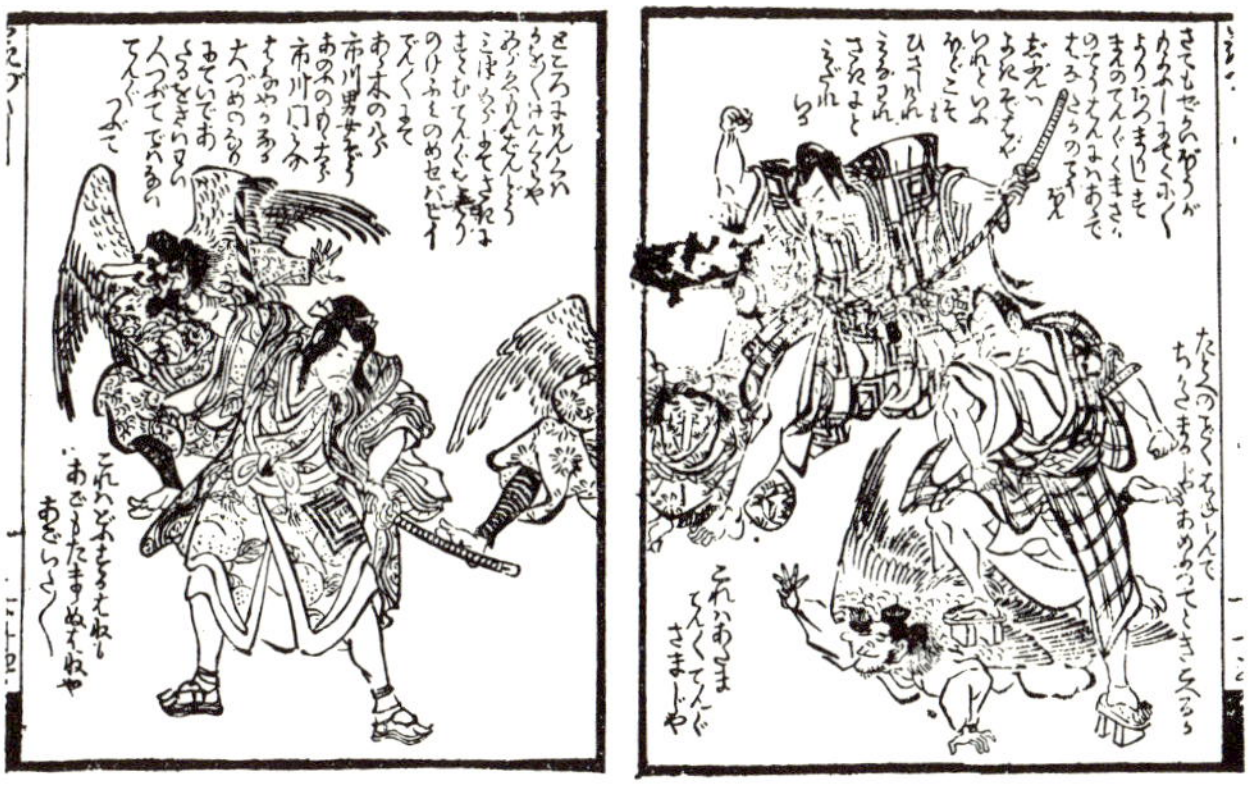

（五）

（このはてんぐの手下二）「これハなんだ、ふろしき《風呂敷》をかぶせるのか。けし《芥子》のすけ《之介》がくやいり《楽屋入》のよふだ。」

（このはてんぐ）「これハめがミへはない《ママ》ませぬ。てぐら《手暗》にハなにもごせう。」

（五）さてもぜかいぼうがもよふし《催》にて、くに〳〵《国々》よりあつまりし、すまん《数万》のてんぐ、くまさかのてうはん《熊坂長範》にハあらで、はなたかのてうぼん。
じぶん《自分》ハよきぞはやいれ《早入》といふほどこそもひさしけれ。ミな《皆》われさきにとミだれ《乱》いる。

ところにけんく《喧嘩》ハ、かを〳〵けんくわや五郎ゑもん、ばんどう三津五郎にて、さきにすゝむてんぐをはりのけ《張退》、ふミ《踏》のめセバ「ヒイ」。でん〳〵にてあら木の八郎、市川男女ぞう、あのふのもゝ太郎、市川門之介、はなやかなる大づめ《詰》のなり《形》にていで、あたるをさいわい人つぶて《礫》でハないてんぐつぶて。

（あら木の八郎カ）「たとへのごとくはね《羽》ふん《踏》で、ちかたまる《地固》じや。あめ《雨》ふつてときこへるか。」

（ミぞこへてんぐ）「これハ、あたま《頭》てん〳〵てんぐさまじや。」

（このはてんぐ）「これハどふするはね《羽》もあご《顎》もたまらぬ。はねやあげいた〳〵。」

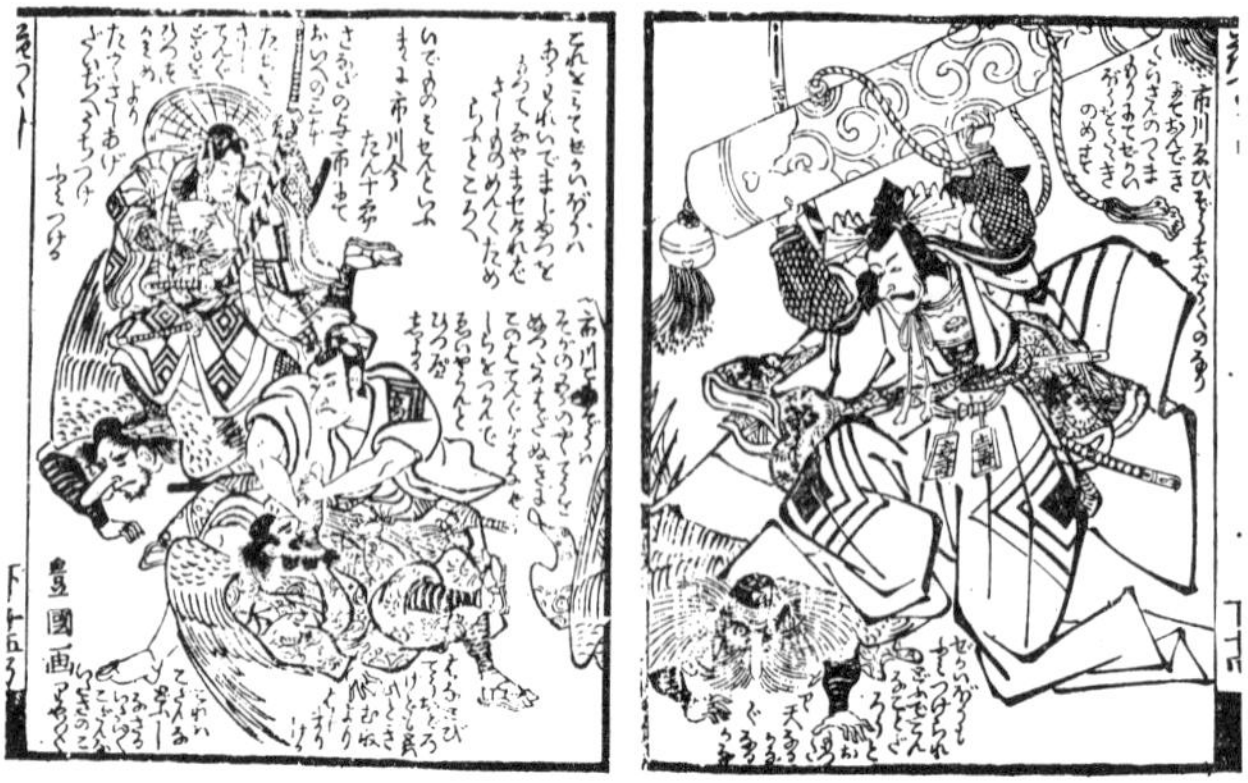

(一六)

(一六) これをミてぜかいぼうハあら《現》われいで、まじゆつ《魔術》をもってな《悩》やませければ、さしものめん〱ためらふところへ、

いでものミせんといふまゝに、市川今たん十郎さなだの与市にて、おい《家》への三本たち《大刀》をさし、てんぐどもをひつつかミ、めよりたかくさしあげ、だいぢ《大地》へうち《打》つけ、ふミ《踏》つける。

〽市川こまぞうハ、そがの五郎のやくてうをぬつたるはだぬき《肌脱》に、このはてんぐがはなばしらをつかんで、ゑいやらんとひつぺしよる。はなとびてうおどろ《驚》けどもとハ、此ときむねよりはじまりける。

(このはてんぐ)「これハこだんな《小旦那》どふしなさる。いたい〱こだんないたさのこりや〱〱。」

市川ゑびぞうしばらく《暫》のなり《形》にておんでき、たいさん《退散》のつゝまもり《筒守》にて、ぜかイぼうをたゝきのめす。

ぜかいぼうふミ《踏》つけられ「どふで、こんなことだろうとおもつた。アヽ、天なるかな、ぐ《愚》なるかな」。

(一七)

(奥付)

彦山
大峯
くらま
ひいき
連

(一七) たいとう《大塔》の、ぜかいぼうも、ほう〳〵のめにあいけれバ、日本になをきこへし、くらま《鞍馬》山のそうセうぼう、ひこさん《彦山》のぶぜんぼう、あたご《愛宕》のおやだま《親玉》たち、太郎二郎、きり太郎なんどゝいふてんぐのおやだまたち、きのどくにおぼしめし市川ゑびぞうとなかなをりをとりむすびたまへバ、すまん《数万》のてんぐのわかもの《若者》ども、たけ〴〵山〳〵のさけ《酒》をつミものにして、ミな《皆》〳〵よろこぶ。

(てんぐのわかものども)「〽おや玉さん、うちやせう。しやん〳〵。いわふてさんしやう。しやしやんのしやん。」

作者　桃栗山人
校合　鹿杖山人
天狗礫鼻江戸子《てんぐつぶてはなのゑどっこ》
浅くさ茅町
板元秩父屋

江戸ッ子の周辺

「江戸ッ子」の文献に続いて、「江戸もの」「江戸生まれ」「江戸衆」など、「江戸ッ子」周辺の言葉を集め、それらは果たして「江戸ッ子」と別の町人なのか、あるいは同じ町人なのか、について考察を加えなければならないであろう。これらの言葉についても、「江戸ッ子」探索のついでに採集したので、「江戸ッ子」ほど手をつくすことはできなかったが、左にあげてみよう。

江戸もの

「江戸もの」は「江戸ッ子」の先行語で、早くからいくらでも見えるといわれているが、その出典を明確に示し、どれほど早いのか、どれほど多く見えるのか論証したものはない。調べてみても、それほど多くは見当たらない。

(1) 口のさがなき江戸者の集り。（宝暦二年〔一七五二〕刊、『当世《いまよう》下手《へた》談義《だんぎ》』巻三、野田寿雄校注、五〇頁）

(2) 江戸者が江戸節を好まれてしらぬといふは先江戸者の恥なり。（宝暦五年〔一七五五〕刊、「浄瑠璃三国志」巻之壱）

(3) 腹をたゝいて見せる江戸もの（宝暦八年〔一七五八〕刊、「俳諧《はいかい》武《む》玉川《たまがわ》」一二編。『徳川文芸類従』雑俳、第一一、一五四頁上段）

(4) 筑波も江戸で見れば江戸もの　（宝暦九年〔一七五九〕刊、「俳諧武玉川」一三編。『徳川文芸類従』雑俳、第一二、一六一頁中段）

(5) 江戸者でなけりやお玉がいたがらず　（明和二年〔一七六五〕刊、「柳多留」一篇。岩波文庫本『柳多留』(一)、一九頁）

(6) 江戸もの丶生《(ツ子、万)》そこない金《(もち、万)》をため　（安永五年〔一七七六〕刊、「柳多留」一一篇。岩波文庫本『柳多留』(三)、二二頁、安二・松オ—六、しやまなことかな〳〵）

(7) 江戸ものが九条通りの道をあけ　（安永六年〔一七七七〕刊、「柳多留」一二篇。岩波文庫本『柳多留』(三)、五一頁）

(8) ナニ江戸者だとつて、何もそんなに、こはがりなさる事ァねへはな。（安永年間刊、山手《やまのて》の馬鹿人作、洒落本「変通軽井茶話《へんつうかるいざわ》」。『洒落本大系』第四巻、四七六頁。山手の馬鹿人は大田蜀山人）

(9) おのれ云はせて置けば、胸糞が悪い高慢、何ぼこんな面でも、江戸者の智慧を見ろ。（天明二年〔一七八二〕刊、朋誠堂喜三二作、黄表紙「漉返柳黒髪《すきかえすやなぎのくろかみ》」。『黄表紙集』（「近代日本文学大系」一二）四二六頁）

(10) 江戸ものにぜひ〳〵座頭成つもり　桜木　カタル　（天明四年〔一七八四〕刊、「柳多留」一九篇。岩波文庫本『柳多留』(四)、一六三頁）

(11) 江戸ものはもて丶奥州ものふられ　八重垣中葉　（天明四年〔一七八四〕刊、「柳多留」一九篇。岩波文庫本『柳多留』(四)、一六四頁）

(12) 六七歳之子供の舌のまはり候事格別、門前医者之女子七歳口跡あざやう（ママ）なる京談に候。思ひ過し候故歟、雀などまでよく舌まはり申候。男共もやさしき声にて、江戸ものゝ言葉には、びくり／＼いたし候様子に候。（享和元年〔一八〇一〕六月、大坂在勤中の大田蜀山人が江戸の島崎金次郎に宛てた手紙。『新百家説林』二、三九六頁上段）

(13) 京都の人はうはべ和らかにて、心ひすかしなとさみす人多し。江戸ものゝ心持には、さ思ふべき道理もあれども、又江戸ものゝ及ばぬことも多し。おもふに物の流行、江戸は足早く、京都は足遅し。十年跡に京に登りて見たるに、帯の幅のせまき、笄の長き等、江戸にてむかし流行せし事其まゝにて有やうに思へり。（享和三年〔一八〇三〕刊、平沢常富著「後はむかし物語」。『燕石十種』第一、二九四頁）

(14) 扨々長崎ものも大坂ものと同じく、和らかにて深切なる事人のはなしとは相違いたし候。童子などおとなしく、喧嘩など一切いたし不レ申候。役やしきへ参候乙名二人隔日に相つめ申候。いづれも和歌をよみ、書画を好み、風流にてめづらしき書画ども掛物持参見せ申候。江戸ものゝごとき不風雅不沙汰ものは一切無レ之候。日本はいづれ西よりひらける国と今更初て心附申候。（文化元年〔一八〇四〕十月十六日、長崎在勤中の大田蜀山人が江戸の大田定吉に宛てた手紙。『新百家説林』二、四三三頁）

(15) 三人づれの旅人、是もゐどものと見へて……。（文化三年〔一八〇六〕刊、十返舎一九作「東海道中膝栗毛」四編下。『東海道中膝栗毛』〔「日本古典文学大系」六二〕二〇六頁）

(16) 女房「私うちへ泊らしやつたも三人は上方の衆であらずが、後二人《ふたり》は江戸言葉の様だのうおふり。」亭主「ァニ江戸者で二人連れか。……」（文化十二年（一八一五）刊、十返舎一九作「木曾街道続膝栗毛」四編。『十返舎一九集』（「近代日本文学大系」一八）五三〇頁）

(17) 黄昏に至る頃松山町に至り、みどりやと云に宿をもとむ。宵のほど按摩をたのみ、もませながら物がたりするに、此者元来、江戸者にて、吉原にすみしが、廓火災の後、妻なる者の古郷なるまゝに、此所にうつり来る由などかたる。（文化十五年（一八一八）五月浄書、独笑庵立義著「川越松山之記」。中央公論社版『未刊随筆百種』第一二巻、一六一頁上段。独笑庵立義は江戸の俳人）

(18) 田舎ものとさへ聞ば、江戸者ものゝ（ママ）心にては、昼飯時分に来て線香を立さする屎《こい》とりと計り思ふもの多し。其故に折ふし遊山などに向ふ島王子、あるひは堀の内など、近き在郷に出かけて見て、どこまでも此かたちと計り心得たるなり。千住四ツ谷もつとも糞とりの通る事引も切らず、依て帰人などは猶さら左に計り思ふぞかし。さればたま〳〵田舎の親類あるひは懇意なる方より小娘までも連たる客など来る事あれば、親子の詞おかしとて笑ひ賤しむ。もし其娘思ひの外、手跡にても見事に書か、琴三味線にても弾時は田舎者には珍らしき事と初て驚き、不思議におもふ。左様の人はいまだ田舎のひろき事を知らざる故に、野卑とのみ思い居なり。是田舎と在郷の差別を知らず。（天保ごろ、筆者不明「江戸《えど》愚俗徒然噺《ぐぞくつれづればなし》」第一。中央公論社版『未刊随筆百種』第七巻、一二四頁下段）

又田舎にては蛇も百足もわたる有べけれども、江戸の者程騒がず、松虫鈴虫も渡るべけれども嫌

ふ事なきは言ならわせの空言なるべし。（同、一九九頁下段）

(19) 浅草あたりの玄、いろ里にうかれゆきけるに、衣紋坂のあたりにて、足あらふ男の、鼻うたうたひながら、すてほう〱といひければ、あなおかしく、好色開発の人かな。すてぼうとのたまふぞや。いかなる人ぞとたづねければ武州江戸のものなりと答へけり。是ハ目出たき太鼓かなとて、うちつれだちて、行けるとぞ。（天保三年〔一八三二〕刊、小寺玉晃著「難廼《なんの》為《ため》可《か》話《わ》」。中央公論社版『未刊随筆百種』第一二巻、二九八頁下段）

(20) 北八「ヱ、さつきから、だまつて聞いてゐりやア、弥次さんおめへきたふうだぜ。女郎買にいつたこともなくて、人の話をきゝかぢつて、出ほうだいばつかり、外聞のわるい。国ものゝつらよごしだ。（文化元年〔一八〇四〕刊、十返舎一九作「東海道中膝栗毛」三編下。『東海道中膝栗毛』〔『日本古典文学大系』六二〕一六六頁。「国もの」を「江戸もの」と同一に考えたのは、ここでは国は江戸だからである）

(21) 江戸者をだまして腕を取返へし（『川柳大辞典』）

江戸生まれ

(1) どふして見ても、恋路のふかきは上がた、物いひすみて姿はさら也、気しきこと〲く女郎也。江戸は、どふしてもいやし。物いひにて恋路さむるよし。いふが真実、といふ説なり。尤、江戸生れのものはめつたと武江をひいきすれど、上がたにつゞくことならぬは、手形に書てやるべし。余も江戸生れにて、かふ評する所こそ真なり。三味線も同じ。上がたの歌は成ほど静にしてうまし。

（享保九年〔一七二四〕刊、柳沢淇園筆「ひとりね」。『近世随想集』〔「日本古典文学大系」九六〕三〇頁。柳沢淇園は宝永元年江戸神田橋の藩邸で生まれた。二九歳で甲府から大和郡山へ移り、一―二年の間に「ひとりね」を書いたとされている）

(2) 五番目は同じ作でも江戸産れ（宝暦七年〔一七五七〕八月二十五日、「柳多留」一篇、第一句に所収。岩波文庫『柳多留』㈠、一三頁。五番目というのは江戸六阿弥陀のうちの五番目で、下谷延命山長福寺の阿弥陀）

(3) ときにどこだへ。

景清が生国。

ムウそんなら、やぼな国でもねェ、よく屋敷奉公人の出る国。しかし景清はねェぜ、エコリヤおめへのこつちやァェが、それ、たこくからよく江戸へきて、まだ水道の水しみきらねェうちに、しやれたがるものがおゝい。このやからのしやれを、くじらじやれといふョ、ゆづむしくさい所からへあがつても、おいらがやふなものによなれていると、江戸生れより、かへつていきになるものだ。

（天明元年〔一七八一〕刊、行成山房大公人作、洒落本「公大無多言」。『洒落本大系』第四巻、六〇〇頁）

(4) 『江戸生艶気樺焼』（天明五年〔一七八五〕刊、山東京伝作、黄表紙）

江戸衆

(1) 江戸衆は数がいけぬとかるい沢（安永元年〔一七七五〕刊、「柳多留」七篇。岩波文庫本『柳多留』㈡、

五七頁）

(2) 何さお江戸衆なんだァ信濃者とつて大喰のするやうにいはつしやりますけれども、私どもはそんだァじやござりましねへ、此位のぼた餅だら十七八もくへば沢山だもし。（安永年間刊、山手の馬鹿人作、洒落本「変通軽井茶話」。『洒落本大系』第四巻）

江戸人

(1) 此勧進能の時、昔より令ませる如く、江戸町中見物の事仰くたしの令なりしが、さる江戸人にしあれば、能と云物、生れて見し事もなき者さへにあなれば、……そのかみ江戸人にして、能といふ物はじめて見む者、石橋の能見たらむには、さこそは目をも驚しけめと、今も見るが如くになむ。（明和―文政ごろ、鶴鶉春行「素謡世々之蹟」。中央公論社版『未刊随筆百種』第七巻、二三九〜四〇頁）

(2) 契沖の著書をかいあつめて、物しりになろうと思ふたれど、とかくうたがひのつく事多くて、道はかいかなんだを、江戸の宇万伎といふ人の城番にお上りで、あやたりが引合して、弟子になりて、……江戸人なれば、七年があいだ文通で物とふ中に、五十そこらで京の城番に上つて、お死にやつたのちは、よん所なしの独学の遊びのみにて、目があいたと思ふ。（文化六年、上田秋成筆「異本胆大《たんだい》小心録《しょうしんろく》」。『上田秋成集』（「日本古典文学大系」二七）三七三頁。加茂真淵門下の国学者、江戸の幕臣加藤宇万伎が大坂在勤中、上田秋成は明和三年（または七年ともいう）この人に入門した）

(3) 江戸人の音は上調子にて巻舌ゆへ、土地自然調子が応ずるなれど……。（万延元年〔一八六〇〕、紀

州家の家老土佐守の侍医原田某筆「江戸自慢」。中央公論社版『未刊随筆百種』第八巻、五八頁上段）

江戸風・江戸屋・おゐどさん

(1) 江戸風ひとり宿で憎まれ　（宝暦ごろ、「俳諧金砂子《はいかいきんすなご》」上。『徳川文芸類従』雑俳、第一一、二三三頁中段）

(2) 江戸屋さま伊勢屋と質の通ヒ来ル　石斧　（天明六年〔一七八六〕刊、「やない筥」四。岩波文庫『初代川柳選句集』下、一二四頁）

(3) 高い魚第一番に江戸屋買ひ　（『川柳大辞典』）

(4) 女乞食共《こつじきども》「やてかんせ、おゐどさんじやないかな。さきな嶋さん、はな色さん、ほかぶりさん、やてかんせ。ほうらんせ

弥次「やかましい。つくな〳〵

こつじき「アノいわんすことといな。おゐどさんじや。ちやとくだんせ

北八「エ、ひつぱるな、ソレまくぞ〳〵トよいかげんに、ばら〳〵とぜにをほうり出せば……。（文化三年〔一八〇六〕刊、十返舎一九作「東海道中膝栗毛」五編追加。『東海道中膝栗毛』〔『日本古典文学大系』六二〕三〇九〜一〇頁）

以上、「江戸ッ子」「江戸もの」「江戸生まれ」「江戸衆」「江戸人」「江戸風」「江戸屋」「おゐどさん」など、文献にあらわれた、これらの言葉の用例を集めてみた。もちろんこれらは、川柳とか、洒落

本・黄表紙・随筆などの世界で用いられたものが多く、ここに集めた文献の用例が、そのまま歴史的に「江戸ッ子」その他の実体そのものをストレートに表明しているとは考えられないであろう。しかし、人物やストーリーなどのフィクションとはちがつてそれぞれの用例は、それを可能にするための実在的な背景社会の人間像として点景的に用いられていることが多い。それゆえ、右に集めた文献は、「江戸ッ子」を考察するのに十分役立つと考えられる。以下、はじめの問題点にそつて、順次考察をすすめていくことにしたい。

江戸ッ子の成立

江戸ッ子の重層性

以上あげて来た文献は、既刊の活字本が大部分で、未刊の洒落本や黄表紙などもいくらかあるが、それはごくわずかである。これらの文献から、はじめは「江戸ッ子」ばかりを抽出することにしたのだが、前述のように中途から、「江戸ッ子」周辺の「江戸もの」「江戸生まれ」その他の江戸町人の呼び名をも採集することにした。そのため、これらの周辺用語は、「江戸ッ子」ほど多くの用例が集まっていない。用例が少ないのではないと思うが、ここにあげたのが少ないので、それは右のような理由によるものである。

江戸ッ子研究の欠陥

ところでこれまでの「江戸ッ子」諸説は、右のような用例をあげたうえで論じるというような方法にはよらないで、一つか二つの例とか、あるいは推定で論じたり、「江戸ッ子」モデルをとらえて、そのような人物をならべたり、階層分析による「江戸ッ子」規定であったりするところで終っている。それは軽い読物であったり、試論であったりしたので、一応は「江戸ッ子」とか「江戸もの」、その他の「江戸ッ子」周辺用語などを考慮して論じることを出発点としているが、浜田説以外は、ほとんど三田村説に近いと見てよい。

三田村説の一面観

この三田村説は、「江戸ッ子文献一覧」だけでもほぼ見当がつくことと思うが、きわめて一面的な「江戸ッ子」観である。この三田村説の偏見は、後に詳しく批判するが、その前にまず言葉の点で指摘しておきたいことがある。それは、多くの説が、「江戸もの」とか「江戸生まれ」とはいっても、その実体を、多くの用例から論じていないために、見当外れ、推定誤謬になっていることが多いことである。たとえば、「江戸もの」は「江戸ッ子」の先行語で早くからいくらでも出てくるというけれども、どう出てくるのか、その用例をほとんどあげていない。

実際に一つ一つ文献に当たって探索してみると、一日中探索しても、一つも見つからないこともしばしばで、「江戸ッ子」はおろか「江戸もの」も、ほとんど文献には出てこない。いくらでも見つかるなどというものではないのである。化政期以降になると、どこにでもたくさん出てくる、という見解も、実際に探索したことのない人たちの無責任な推定にすぎない。そんなにたくさんどころか、「江戸ッ子文献一覧」に収録しただけの用例を採集するのも、容易なことではなかった。

おそらくたくさん見つかるであろうと考えた随筆・日記などのなかには、きわめて少なく、むしろ、黄表紙とか洒落本・歌舞伎・滑稽本・川柳などに出てくることのほうが多かった。この点文学作品ということに史料としての限界を考慮しなければならないから、使用上注意を要する。

またこの文献用例は、原則的に江戸時代のものを収録した。しかし例外的に、重要な意味をもつものは、明治以降のものでも、これを収録した。たとえば村山摂津守鎮作の著『村摂記』の「江戸ッ子」などがそれである。もっともこの本は明治以降にできたとはいっても、幕末期の体験を記したものが多いので、その意味から重要な意味をもつことになるのである。しかも、この村山摂津守の「江戸ッ子」観が、そっくりといってもいいほど大きな影響を三田村鳶魚の「江戸ッ子」観に与えているのであって、このことは、さらに重要な意味をもつことになるのである。

三田村鳶魚の「江戸ッ子」観は、すでに序章で紹介した通りだが、一口でいうと彼が「市民の最下級の者が江戸ッ子なのですが」（『江戸ッ子』）といっているように、市民の最下級者が、自由労働者として、どこでも自前で働けるようになったので、むやみに空威張りするようになった。そういう人間像を「江戸ッ子」としてとらえているのである。つまり一般市民は、つまらない馬鹿らしい奴らだと、誰も相手にしないような、空威張りの空虚な最下級の町人どもを「江戸ッ子」と見ているのである。

村山鎮作の江戸ッ子観

この「江戸ッ子」蔑視の史観は、村山摂津守からうけついだものだと考えられる。村山の「江戸ッ子」観は、「文献一覧」の(52)にあげたなかの「彼の江戸子と唱へる日本橋芝等の魚河岸から鳶の者抔《など》、甚だ危険だからで、中々鼻張りの強き者多く、ちと煽動したらすぐだからです」というところによくあらわれている。魚河岸の若い衆とか鳶の者の向う見ずな勇み肌、そういう手におえない者ども、それを村山は「江戸ッ子」としてとらえているのである。このような魚河岸の若い衆や鳶の者もたしかに「江戸ッ子」の一部ではある。しかし、こういうのが「江戸ッ子」のすべてではない。

こういう「江戸ッ子」観は、文献の用例を見ただけで、これが偏見であることは明らかである。村山は幕臣でも将軍側近のきわめて上層に位置していた武家であった。だからこのような「江戸ッ子」観は、高級幕臣の「江戸ッ子」観なのである。それがどうして三田村鳶魚に踏襲されることになったか、これは三田村自身どこにもそういうことを書いていないので、直接論証することはできない。しかし、森銑三氏（昭和四十七年八月二十三日、日比谷図書館において筆者が直接聞き書きしたものである。当時森氏は、隔日に日比谷図書館に来て、研究を続けておられた）の談によると、「三田村さんは八王子同心の子孫で、村山摂津守からいろんなことを聞いたようです。村山摂津守のものは、あの『村摂記』のほかに、もう一つ鳶魚は収録しています。だから、鳶魚の『江戸ッ子』観が、村山の『江戸ッ子』観によっているということは、たしかにそういえるでしょう。いろんな影響をうけたようです」ということであった。

つまり三田村鳶魚という人は、八王子同心の後裔でもあって、そういう点では、村山という高級幕臣の思想に深く傾倒したのも当然のことであったと思われる。鳶魚の思想を簡単に集約することはできないが、彼の言論の根幹を貫いている、一種の俗流蔑視というか、反骨精神といったようなものは、江戸庶民が育ててきた「江戸ッ子」の反骨精神とか、抵抗精神といった系譜をもつものではなく、むしろ旧幕臣の思想的系譜を引きついだところが多いといえよう。

中井信彦氏の鳶魚観

中井信彦氏は、その著『町人』（小学館版「日本の歴史」二一）のなかで「江戸っ子と遊び」の一節に、三田村鳶魚の江戸ッ子説と、それを批判した拙論に論及され、そこで鳶魚の反骨精神は、村山摂津守流の「甚だ危険」な下層民への「蔑視」とは、区別すべきものと思われる、と指摘されたが、その区別はむずかしい。鳶魚のすぐれた研究業績の全体から考えても、鳶魚の史観や世界観がすべてそうだというのではない。江戸ッ子に対する史観についてのべたのである。

こういう視角から三田村説を見直してみると、彼がとらえた「江戸ッ子」は、たしかにそのような存在としても実在したことは確かであるが、それらは、自称江戸ッ子とでもいうべきもので、「江戸ッ子」としては、一部のものをしかとらえていない、ということになる。たとえば、村山のいう「魚河岸とか鳶」という場合、その語勢から考えて、魚河岸の旦那衆、つまり魚問屋の主人などは考えていない。鳶魚の「江戸ッ子」も勿論そうなのだが、「江戸ッ子文献一覧」⑶の大田蜀山人の言うように、小田原町の魚商人三四〇軒を「江戸ッ子」としていることなどからすれば、やはり、鳶魚の一面観は是正されるべきであろう。

すなわち、この三四〇軒の魚河岸商人は、同じ魚河岸でも新場の魚河岸商人とちがっていた。蜀山人の言によると、小田原町の魚商は国初、つまり江戸初期に小田原から来た者たちであるが、新場の魚商は、江戸の繁栄をきいて後に江戸に店を出した上方ものである。小田原町は江戸ッ子だから団十郎（市川）を、新場は上方ものだから歌右衛門（中村）をそれぞれひいきにする、と、いっている（大田南畝「一話一言補遺」『新百家説林』五「小田原町並新場魚戸」の項）。

蜀山人の江戸ッ子びいき

蜀山人大田南畝によれば、日本橋の大家である魚商人でも、新場の上方ものは「江戸ッ子」ではない。それに対して、江戸開府以来の日本橋の魚商人たちは、この場合経営者たちもすべてを「江戸ッ子」と呼んでいるのである。しかし、その呼び方は、「所謂江戸ッ子にして」といっているので、もはやそのような「江戸ッ子」は当時の社会通念になっていたことを物語っているといえよう。魚河岸小田原町三四〇軒の江戸ッ子魚商人にも、大小さまざまあったであろうが、大商店の旦那衆も当然蜀山人のいう、「所謂江戸ッ子」であった。このことからいえば、魚商人にかぎらず、初期以来江戸の下町に住みついていた町人たちは、大町人もすべて、この文献の年代、すなわち文化七年（一八一〇）ごろには、右のような意味での「江戸ッ子」であったといえよう。

ところで、こういう根生《ねお》いの江戸町人たち、しかも大店《おおだな》の旦那衆たちも、右のように、たしかに「江戸ッ子」にちがいなかったが、彼らが自分たちのことを「江戸ッ子」と自称したかどうかは明らかではない。「江戸ッ子文献一覧」にあげたところからすると、⑽の桜川慈悲成とか、㉖の富久亭、㊵の十方庵教順、㊹の為永春水らが、それぞれ著書の自序とかその著者表記の部分に、「江戸ッ子述」とか、「江戸ッ子おやじ」「根生の江戸ッ子」などと自称している用例が示すように、江戸ッ子を自称したものが、すべて最下級の、文字の読めない、金をつかう身分でなく銭をつかう身分の者であったというような鳶魚説は、こういう点でも改められなければならない。

魚河岸の江戸ッ子

だから、魚河岸の大町人とか、その他の旦那衆たちもあるいは時には「江戸ッ子」を自称するようなことがあったかもしれない。しかし、そういう場合でも、「おらァ江戸ッ子だ」といった自称「江戸ッ子」は実力のない町人たちの背伸びをした空威張りの見栄っ張り者だから、「おらァ江戸ッ子」スタイルの自称江戸ッ子ぶりとは、社会的にも発想の点でも大きな相違があった。むやみに「江戸ッ子」を振りまわす空威張り「江戸ッ子」と、初期以来根生いのお国ぶりが、おのずから優越感となり誇りともなった実力派「江戸ッ子」とがあったわけである。そして、むやみに「江戸ッ子」ぶりを振りまわさない実力派「江戸ッ子」のほうが、実際に社会的な力もあり、町人としての数の上でもはるかに多かったと考えられる。つまり、そういう力のある、思慮分別の立派な町人たちである江戸ッ子の一つの例が魚河岸の町人たちであったわけで、この魚河岸の小田原町の旦那衆は、団十郎びいきとして意気盛んなるものがあったというので、蜀山人はこの「江戸ッ子」をはなはだ賞讃しているのである。

すでに「江戸ッ子文献一覧」で、かなり詳細に収録したが、五代目と六代目の団十郎の寛政三年(一七九一)市村座での襲名披露、翌年正月の市村座における「若紫江戸ッ子曾我」、その翌年正月売出しの『天狗礫鼻江戸ッ子』などによる江戸ッ子としての一つのピークは、単に団十郎だけでは高まりえないもので、やはり、蜀山人のような幕臣、ならびに烏亭焉馬とか山東京伝とか、魚河岸・蔵前その他多くの江戸ッ子たちの後援が盛り上げた江戸ッ子像である。この場合蜀山人大田南畝は幕臣だが、彼はこのころまでは、当時の下町の文人墨客・俳優と親交を結び、特に五代目団十郎は花道つらねと称して狂歌をよくしたので蜀山人とは親しかった。だから、この人は侍だがむしろ下町の江戸ッ子そのものであったといってもよい存在であった。

江戸ッ子をもてあました鳶魚

このように見てくると、「江戸ッ子文献一覧」の(7)と(8)とにあげた京伝の描いた「江戸ッ子」像とか、蜀山人が賞讃した「江戸ッ子」などのほうが、「江戸ッ子」としては主流であり、実勢力をもっていたのである。ところが、鳶魚は、寛政七年の用例以後の「江戸ッ子」、それもおそらくは、自称のベランメエ言葉しか話さない「江戸ッ子」しか「江戸ッ子」とは考えていなかった。三田村鳶魚はたいへんすぐれた江戸研究家であったが、江戸ッ子についてはまことに不十分で、鳶魚が江戸ッ子という言葉の初見だという寛政七年(一七九五)までに、私の調査では、明和八年(一七七一)の初見から二四年も経っており、この間に、きわめて重要な江戸ッ子文献が出版されていたことは、「江戸ッ子文献一覧」で明らかである。しかもそのような江戸ッ子文献が一五もあり、鳶魚が初見だという文献が、第一六番目に当たるというのは、鳶魚ほどの物知りには珍しい粗雑さというほかはない。

ただ鳶魚も、本格的な江戸ッ子に全く気付いていなかったというわけではなく、「尤も江戸には所謂江戸ッ子の外に、江戸ッ子と云はない江戸ッ子がゐた。それは御家人です」ともいっていて、自称「江戸ッ子」以外にも「江戸ッ子」を見てはいるが、それは御家人のことをいっているので、見当違いもはなはだしい。結局焉馬・京伝・蜀山人らが見ていたような、主流の江戸根生い町人を「江戸ッ子」と見るような「江戸ッ子」観は、ついに鳶魚の史観の中には芽生えなかった。だから最後まで、あれほどの物知りで、江戸に精通していた鳶魚でありながら、ついに村山摂津守の「江戸ッ子」観を越えることはできなかったのである。

それにもかかわらず鳶魚の「江戸ッ子」論が今日まで権威あるもののごとくに信じられてきたのは、彼の江戸に関する多くの著書やその独自の見識が一般の支持を得てきたからであろう。しかし彼の「江戸ッ子」に関する一面的な偏見は今後改めなければならない。

実際鳶魚自身、彼の構築していた「江戸ッ子」概念が偏狭な見解でしかなかったので、実体として現われる多くの江戸ッ子実像に当面すると、その解析が不可能になる。それゆえ、事実上「江戸ッ子」を論じながら「江戸ッ子」をもてあましてしまったかたちにならざるをえなくなり、その著『江戸ッ子』の末尾で、このことを告白し、「私にしては江戸ッ子といふものは、容易に説明の出来ないものであつて、何彼と云ひ試みれば只だゴタゴタの混雑ばかりして、取止りがないやうにばかりなつて往く、さては矛盾もあろう、撞着もあらう、若しも上手な読者が筋を拾つて、言外の微旨に徹して下さるならば、何ほどのよろこびであらうか」と結んでいる。このように、今日まで「江戸ッ子」観において、権威的役割を果たしてきた三田村説も、自分で自己批判をしているように、まだまだ不十分な見解でしかなかったのである。

また、多くの論者たちによってのべられてきた「江戸ッ子」の系譜というのは、三田村説のように、「江戸もの」が先行し、やがて「江戸ッ子」に定着していったように考えられている。はたしてそうであろうか。たしかに文献にあらわれるところでは、「江戸もの」は「江戸ッ子」に先行して出現する。

江戸ッ子の系譜

しかし、「江戸もの」とか「江戸生まれ」というような土着意識が、「江戸ッ子」という都市的洗練のひびきを発散する文化的意識に吸収され、そこに統合定着してしまったのではない。文献用例で明らかなように、こういう言葉での呼び方は、化政期になっても、天保期になっても、依然として行なわれていた。「江戸風」とか、「江戸衆」などという多くの呼び名も同様に行なわれていたのである。つまり、江戸の町人という土着性・土着意識、あるいは郷土意識というものを表現している言葉として、「江戸風」なども「江戸もの」と同じ意味で用いられており、その他「江戸生まれ」「江戸屋」「江戸人」「江戸衆」「おゐどさん」などと呼んだり、また呼ばれたりしていたのである。こういう土着性・

土着意識・郷土性・郷土意識ということでは、「江戸ッ子」もまたその一つの相共通する言葉であった。だからこういう意味では、信濃ものとか、上方ものというお国ものの並列的な概念でもあった。

だから、このような並列的な意味では、まず「江戸生まれ」という、最も多くの人々を無限定的に広汎に包括することのできる土着性表現語であるものが、たとえば大和郡山藩士柳沢淇園《きえん》のごとき上層武士によっても用いられた。おそらくこういう表現法は江戸時代以前から、播磨生まれとか、遠州生まれなどといわれていたのではないかと思うが、ともかく「江戸生まれ」というのが最も早くあらわれたと考えられる。そうして次が「江戸もの」で、この「江戸もの」は文献用例のごとく、宝暦―明和―安永―天明とかなり多くあらわれてくるようになり、同様にわずかおくれて「江戸ッ子」その他の呼び名がいっせいに登場してくるのである。

どうみても「江戸もの」が先行するもので、それが「江戸ッ子」に転進・吸収されていったものとは考えられないのである。このことを最もよく物語っているのは、「文献一覧」(38)の『一盃綺言』の江戸ッ子と上方ものとのかけ合対談と、右の文献中「江戸ッ子」と「江戸もの」とに収めた二つの川柳である。前者には、「江戸ッ子」と「江戸衆」「お江戸さん」「江戸のやつら」が同じように扱われており、川柳では一つは「江戸ッ子の生そこない金をもち」で、今一つは、「江戸ものの生レそこない金をため」というのである。これは二つになっているが、実は『柳多留』の注記によると、前のものは安永二年（一七七三）の万句合《まんくあわせ》で登場したものだが、これが安永五年の『柳多留』一一篇に収録されたときに、後者のように改められたわけである。つまりここでは「江戸ッ子」が先行し、それが三年後に「江戸もの」に変容されているわけである。

こういうわけで、同じ川柳が、はじめは「江戸ッ子」と唱え、後に「江戸もの」といっているように、「江戸もの」先行説は正しくないと考えられる。なぜ「江戸ッ子」が「江戸もの」に変容されたかは考察する必要があるかとも思うけれど、ここでは、「江戸もの」と「江戸ッ子」との系譜関係論上の指摘ということにとどめておきたい。

さてこのような、土着性・郷土性表現語としての江戸生まれ・江戸もの・江戸ッ子・江戸衆・江戸風・江戸人・江戸屋・おゑどさんというような言葉は、並列的に同じような意味内容をもって用いられていたのであるが、そういうなかで、「江戸ッ子」だけは、先の「文献一覧」でも明らかなように、特別の内容を表現しているのである。それは一口でいうと江戸ッ子気質というもので、このことについては、この次に詳しく論じたいと思うが、そういう特質が江戸町人の独特な体質として発酵醸成されたときに、他の並列的な「江戸もの」とか「江戸屋」その他の土着性表現語で呼んでいたような町人とはちがった江戸の町人像が鮮明化してきたのである。

江戸ッ子を見る三つの視点

以上くだくだしくのべたことは、江戸ッ子が自称江戸ッ子だけではなかったのだということ、つまり、江戸ッ子は二重構造であったのだということである。私はこの本のはじめで「江戸ッ子を見る視点」を三つあげた。

それは、

㈠「おらァ江戸ッ子だ」というような、劣等感の裏返しと見られる優越感をひけらかしているような江戸ッ子だけが江戸ッ子のすべてではない。これは江戸ッ子の一部で、そうではない洗練された文化生活をしていた根生いの江戸町人たち、大町人といわれた人たち、それこそ本格の江戸ッ子である。江戸ッ子はこういう二重構造をもっている。

㈡その洗練された文化生活をしていた江戸ッ子の特質は江戸ッ子気質に象徴されている。その江戸ッ子気質を鮮明に把握したのは山東京伝で、それは天明年間の彼の著作に明記されている。

㈢こういう江戸ッ子は、お江戸と呼ばれた大都市江戸の都市構造、わけてもその人間存在の特殊性によって創出されたものである。それは、武都としての江戸は、三〇〇諸侯を包摂した大都市で日本の中央であった。しかしこの中央は三〇〇の地方を地方としてそのまま包み込んでいた中央で、この地方性こそが中央の江戸ッ子を創出した最大の条件である。

という三条件である。だからまず、このうちの第一条件についてのべたわけである。ついで第二条件である江戸ッ子の気質を探ることとしよう。

江戸ッ子気質

大江戸の特殊な町人

「江戸ッ子」の成立を考察するためには、何よりもまず、「江戸ッ子」の概念規定を明らかにしなければならない。これはなかなかむずかしいことであるが、まずはじめにそのことから論じていくことにする。

「江戸ッ子」という江戸町人には、すでに前節の系譜で論じたように、根生いの江戸町人であるという、「江戸もの」「江戸衆」などと共通の、代々江戸に住みついてきた、根っからの江戸町人であるという土着性という条件がある。この基本的な共通性があって、そのベースの上に、いわゆる「江戸ッ子」という江戸の大都市住民に特殊な性格ができたのである。だからそれは、江戸という大都市の特殊性が特殊な人間像を形成したわけである。この江戸町人としての特殊な人間像は、武家が半数を占めていた武都といわれる江戸なので、武家は「江戸ッ子」ではないが、江戸町人が「江戸ッ子」になっていくのには、武家たちも大きな役割を果たしたにちがいない。

ところで、この特殊な人間像というのは、一口に江戸ッ子気質といわれてきたものである。それゆえ、この江戸ッ子気質を明らかにすることができれば、それはやがて「江戸ッ子」の概念となりうるものであると考えられる。それならばすでに、この「江戸ッ子」の気質は、「これまでの江戸ッ子研究」にあげた「いろいろな江戸ッ子説」のなかで、いろいろと論じられてきており、ほぼその全容はつくされていると思われるので、事新しくのべたてるにも及ばない、ともいえよう。しかし これまでの諸説は、前述のように、出典を明示して体系的に論じたものではない。そこでここには、煩雑と思われるが、「江戸ッ子文献一覧」によって「江戸ッ子」の特性と思われる気質を列挙し、これを整理して、江戸ッ子気質を見定めてみたいと思う。

江戸ッ子五つの条件　細かく分類すればかえって性格がはっきりしなくなることもあって、以下五項目にまとめて抽象化してみたい。項目のなかで表示する算用数字は「江戸ッ子文献一覧」の通しナンバーの数字である。

㈠　おひざもとの生まれ。(7)「金の魚虎《しゃちほこ》をにらんで、水道の水を産湯《うぶゆ》に浴て、御膝元に生れ」。(14)・(19)・(24)・(40)など。

㈡　金ばなれがよい。ケチでない。普通江戸ッ子は宵越しの金をつかわない、といわれてきたこと。(2)「江戸ッ子の生そこない金をもち」。(5)模範的な江戸ッ子は身代をつぶす、という川柳。(7)本町の角屋敷を投げうって吉原遊びをする。(8)高価な衣装を質に入れて一本二分の初鰹を買う。(8)で山東京伝が書いている「江戸ッ子は尻の穴が大きい」というのは、後にものべるが、この金ばなれがよくてケチでないことをいうのである。(36)金もうけが下手である。つまり金に執着しない、てんたんとした性格。

㈢　乳母日傘《おんばひからかさ》での高級な育ち。(7)拝搗《づき》の米を喰う、乳母日傘にて成人、金銀のきさごはじき、隅田川の白魚も中落はたべない。⒇・㉒おんば日からかさでおそだちなすった江戸ッ子。㉔旅猿や浅黄裏とはちがう。

㈣　生粋江戸ッ子のはへきぬ。㉑・㉒江戸ッ子の正銘まじりなし。(7)日本橋のまんなか。本町の角屋敷。(8)にも同じ。㉝国初以来の日本橋小田原町の魚商。

㈤　「いき」と「はり」を本領とする。⒁「それあくたいの巻むかふ八まき」。⒅「これみな江戸ッ子のはりにして」。㉕「市川流のあらごとは、江戸ッ子のきもにひしとこたへ」。㉙助六をたたえることば「鉢巻は江戸紫の江戸ッ子」。㉚「江戸ッ子の随市川」。㉚・㉛・㉝団十郎びいき――「日本橋辺江戸ッ子の気象みつべし」。㊱「御あつらへ向正銘請合現金かけ直なし五分でも引かぬといふは本たていれの江戸ッ子のはらさ」。

以上、㈠江戸城徳川将軍家のおひざもとに生まれ、㈡宵越しの金をつかわない、㈢乳母日傘で成人し、洗練された高級の町人で、㈣しかも国初以来生えぬきの日本橋本町の生まれで、㈤市川団十郎をひいきにする「いき」と「はり」とに男をみがく、生きのいい人間というのが、数多くの文献が描いている「江戸ッ子」像である。

これらの一つ一つについては、なぜそれが「江戸ッ子」の重要な要素であり条件であるのか、詳細は「江戸ッ子の背景」で論じるが、これらの五つの特性を、ごく簡単に解釈してみると、第一は、江戸城の在在意義がきわめて重くかつ巨大であった江戸時代に、江戸城下の町人が、他国者との対比において将軍家と同じ土地に住むという優越感をもつようになったこと。そうしてこのことを水道の水と金の鯱《しゃち》で表現したものである。

第二の金ばなれのよさは、黄金の奴隷にならない。また、金に執着しない気前よさということだが、これには、明日必ず懐に金が流れこんでくるという大都市江戸独特の経済的メカニズムが形成されていたからである。気前がよく、またケチでなくても、ケチケチしないで気前よく金をつかうにはそのようにつかう金がなければならない。江戸ではそういう金が確実に流れこむ経済的流通機構が形成されていたのである。

第三の乳母日傘の人となりというのは、多分にフィクションの世界における可能性とも考えられるのだが、やはり田沼期における町人生活の高度化が、こういう表現で集約されたものと思われる。

第四の生粋の生えぬきという意識は、天明ごろまでは、露骨に強調されないで、代々日本橋の住人だといった、根生いの土着意識だが、化政期になると強烈な生粋生えぬきをふりまわすようになる。

第五の「いき」と「はり」は、これをまとめて一口でいうと抵抗精神ということになろう。この抵抗精神は江戸町人にとって最も表明しやすいところが吉原と芝居であった。だから、右にも吉原の遊女の「いき」と「はり」が、そして元禄以降、江戸劇団の花形俳優としてたたえられてきた代々の市川団十郎とその荒事《あらごと》が大きくとりあげられている。

喧嘩っ早い向う見ず

文献によって集約したところによると、右の五つになるのだが、なお、従来多くの江戸ッ子論者が、「江戸ッ子」は見栄坊だとか、向う見ずの強がりだとか、喧嘩っ早いとか、生き方が浅薄で軽々しいとか、江戸という都市に独居して井の中の蛙的な独りよがりのところがあるなどの気質をあげてきたが、見栄坊とか浅薄で軽々しいというのは第二気質の一面あるいは反面であり、向う見ずの強がりとか喧嘩っ早いというのは、第五気質の抵抗精神の一面として包括されるであろう。そして独りよがりの点は、第一の「おひざもと」意識の変形展開として、それがさまざまに畸型化していった場合、そこに独特な「江戸ッ子」の優越感が生じ、そういう畸型化優越感に対する反発感とも解されよう。いずれにしても、ごくわかりやすく分類体系化してみると、結局右の五つの気質になると考えられる。

江戸ッ子気質の形成

ところで、これらの五つの「江戸ッ子」気質というのは、「江戸ッ子文献一覧」によってみると、どのあたりの時点で形成されたものと考えられるであろうか。それは、右の五項目に整理した項目別の文献ナンバーを注目すると、第一から第四までのどの項目にも(7)、あるいは(8)が登場する。わずかに第五だけに(7)と(8)が見えない。そういう点では、(一)から(四)までは天明七－八年（一七八七－八）の京伝の洒落本と黄表紙によって、ほぼ典型的に「江戸ッ子」の四つの気質が完成されている。

そうして第五の「いき」と「はり」の抵抗精神の項目だけが直接に彼の文献には記されていないの

である。しかし、この第五の気質も、実は天明八年の黄表紙『仁田四郎富士《ふじ》之《の》人穴《ひとあな》見物《けんぶつ》』の「江戸ッ子」によって、如実に描かれていると見ることができよう。この黄表紙の構成は、老中松平定信を野暮《やぼ》の骨頂仁田四郎に擬し、これを畠山重忠と懇意な江戸駿河町二丁目の大通酒楽《だいつうしゆらく》に案内させて、富士の人穴のうちの江戸ッ子の尻の穴を見せ、ケチ精神を叩き直し、吉原遊びや初鰹《はつがつを》を買わせ、酒の道に改心させる、という諷刺ものである。

小池藤五郎氏はその著『山東京伝』のなかで、京伝の諷刺はこの書で極点に達し「松平定信をモデルとし、改革に逆行する不敵な態度をみせ……表向きには、極めて巧妙に、流行の富士講でカムフラージする」といっている。当時江戸における富士講はきわめて盛んであった(西山松之助「後期江戸町人の文化生活」『国民生活史研究』五)。この富士信仰は弥勒信仰で、この弥勒信仰に関する研究の権威宮田登氏の見解によれば、当時江戸の富士講は反体制的な態度を示しはじめていたから京伝の右のような反体制的諷刺精神が、富士講と結びついて、黄表紙文学に大胆な描写をしたことは興味深いことだということである。

つまり京伝自身が江戸ッ子で、その江戸ッ子がこの黄表紙の大通酒楽で、この酒楽が松平定信を想定した仁田四郎の野暮ぶり、つまり定信の改革政治を改めさせて、大通に改心させる大胆不敵な抵抗精神を発揮するのである。このように考えてくると、「江戸ッ子」気質の五つの条件は、京伝によって見事に典型化されたものと見うるであろう。つまり、「江戸ッ子」気質は、天明七年の京伝作洒落本『通言総籬《つうげんそうまがき》』の巻頭の「江戸ッ子」ならびに、その翌八年の同京伝作黄表紙『仁田四郎富士之人穴見物』の二つによって典型化を完了したとみることができる。

京伝の江戸ッ子気質の典型化

もちろんこの洒落本や黄表紙に書いてあるからといって、その通りの「江戸ッ子」町人が実在したと考えることには、これらが文学作品だというところに限界があることはすでにのべた。しかし、すでに明和・安永ごろに、早くも「江戸ッ子」の気質がいくつかは川柳のなかであらわに詠みあげられており、次章で論証するように、こういう気質が醸成されるような大都市江戸がすでに田沼時代に個性的な都市としての性格を形成していたので、それはたしかに存在しえたと考えてよかろう。

と同時にまた、このような「江戸ッ子」気質とか、「江戸ッ子」の概念などというものは、同時代人の人間類型を最も的確に抽象化することのできる文学者たちの力によるほかはなかったのである。他の学者や武家はほとんど無関心であったから、文学者たちの観察が最も正確であるともいえよう。こういうことからも、また、寛政以降の諸書が描いている「江戸ッ子」像も、ほとんどこの京伝の描いた「江戸ッ子」の典型を出ていない。それどころか、京伝の踏襲あるいはその亜流と考えられるものが多いのである。

このように、「江戸ッ子文献一覧」によって考察したところによると、「江戸ッ子」気質は大きく五つの特性をもち、これらの特性を明確なかたちに典型化したのは、十八世紀後半期にめざましい活躍をした天才的江戸町人作家、山東京伝の業績におうところが大きかったと考えられる。そのことは、何よりも、京伝自身が根生いの江戸町人であり、彼自身が典型的な江戸ッ子であったからこそ、それをなしえたのではないかと思う。

こうした京伝の「江戸ッ子」典型化について、京伝が江戸の独自な町人像の研究に異常な情熱を傾けていることが、また一つの手がかりにもなると思われる。それは、元禄の江戸町人のなかでも、紀伊国屋文左衛門と奈良屋茂左衛門の二人が、外ならぬ京伝によって考証発掘されているという事実である。この二人の元禄町人のうち奈良屋茂左衛門については竹内誠氏（「奈良屋茂左衛門の研究」『日本中世史研究』季刊1）や林玲子氏（「元禄期の江戸町人」『江戸町人の研究』第一巻）がその実体を明らかにしたが、紀伊国屋文左衛門については、まだ学問的によく解明されてはいない。

ところでこの二人の豪遊ぶりは、元文三年刊行の『洞房語園考異《どうぼうごえんこうい》』に見えており、また元文ごろに「大尽舞《だいじんまい》」という踊りにあわせて唄う歌の文句になった。その後宝暦に『江戸真砂六十帖《えどまさごろくじゅうじょう》』に二人の豪遊ぶりが記されている。こういうものをたどってくると、この二人の元禄町人は、その後何らかのかたちで江戸町人の間に生きつづけていたようであるが、それを京伝は、享和四年（文化元＝一八〇四）の『大尽舞考証』ならびに文化元年（一八〇四）の『近世奇跡考』に明確なかたちでこれを考証整理しているのである。

右の二書は、紀文・奈良茂の二人だけを追求したものではない。けれども京伝が、このような大尽遊びをしたり、その行動が畸型化したと考えられる人々の行跡に異常の目をそそいだことは注目すべきことである。そうした京伝の姿勢のなかで、特に江戸以外の土地柄では出現しない大尽であり、畸型的行動人であった紀文と奈良茂の行状をくわしく追跡したことは、そこに彼が、「江戸ッ子」の典型としてのウルタイプを探り求めようとした意図があったのではないかと考えられるのである。おそらく京伝は、紀文や奈良茂の行状に、「江戸ッ子」気質の一面の原型を見ようとしていたのではなかろうか。

元禄回帰の風潮

事実また、こういう元禄への回顧的風潮は、宝暦以降の江戸における多くの文化社会の風潮でもあった。たとえば当時ようやく江戸の大町人として、江戸以外には全く見ることのできない特殊町人札差《ふださし》の行状などもそうである。すでに北原進氏（「宝暦—天明期の江戸商業と札差」『江戸町人の研究』第一巻）が詳細に分析したように、札差を主勢力としたいわゆる当時の十八大通のごときは、そのころとしては元禄の紀文・奈良茂の現代版であり、今様大尽舞の実演者たちであった。

通人とか大通と呼ばれる江戸町人が、「いき」と「はり」を本領として吉原に男だてを競い、そういう心意気を団十郎が歌舞伎の舞台で荒事芸としてデフォルメした。これら莫大な江戸町人たちの行状は、全体としてこれを大観すれば、たしかに一種の畸型化した大尽舞と見うるであろう。そういう江戸の町人が成長してきたことは、他の都市で見ることのできない特殊現象であった。この特殊現象は、大江戸に根を張り、大江戸に住みついてきた根生いの江戸町人たちの実力が、ようやく充実した結果の爆発現象なので、それが「江戸ッ子」の実体なのである。このように潮のたぎり湧くごとく登場してきた「江戸ッ子」の姿など、当時の同時代人たちは誰も的確にとらえることができなかった。そういう「江戸ッ子」を客体視し、冷たく見すえてこれを典型化したのが山東京伝であった。

江戸ッ子の成立

京伝はこのような江戸ッ子を、彼の洒落本や黄表紙に典型化したのであるが、そこには彼の冷厳な眼が光っていた。実際、宝暦以降きわだって成長してきた江戸根生いの江戸町人たちは、いわゆる「江戸ッ子」として畸型化したような行動をもふくめて、さまざまな表情を示した。それらは江戸独特の町人たちの表情として、きわだって目新しい姿を見せながらも、きわめて雑多な状態であったにちがいない。そのような多面的で複雑な表情のなかに、京伝は「江戸ッ子」の典型を見定め、これを洒落本や黄表紙に客体化した。そしてそれを最も典型的に描いたのが天明七年（一七八七）と八年の先にのべた『通言総籬』『仁田四郎富士之人穴見物』であった。このように、「江戸ッ子」は実体としては宝暦以降形成されてきたのであるが、いわゆる「江戸ッ子」としての気質を備え、江戸独自の人間類型として成立したのは天明期のことであったといえよう。私は「江戸ッ子」の成立をこのように見る。

ところで、このように見る私の「江戸ッ子」天明成立説を、さらに鮮明に照射する今一つの光源体がある。それは江戸の初鰹である。初鰹をここで論じることは必ずしも適切でないかもしれない。しかし、しばしばこれがある意味で、「江戸ッ子」の重要な特性に数えられてきたので、一言これにふれておきたいと思う。というのは、この初鰹に対する江戸町人たちの情熱が、江戸初期から幕末までの全期を通じて最も高まったのが、ほかならぬこの天明期であったということについてである。

天明期の初鰹

「東京市史」外篇六、『日本橋』(東京市役所発行、昭和七年)には初鰹のことがかなりくわしく記されている。これによると、初鰹が最も珍重されたのは天明期であったこと。そのことを物語るのは、『五月雨草紙』の初鰹の記事に、安永・天明ごろ、これが一尾一両、また山東京山の『蜘蛛の糸巻』に天明ごろ石町の豪富林治左衛門が初鰹一本二両二分で買った話を伝えていること、それが化政期になると初鰹で一〇〇疋、盛漁期には一本二五〇文くらいになってしまった。こういう初鰹への異常な関心の高まりがさめてしまったのは、「江戸ッ子」の気魄が衰えたからだ、としている。

文化九年(一八一二)刊、大田蜀山人の『壬申掌記《じんしんしょうき》』(「大田南畝壬申掌記」『ビブリア』第四二号)に、三月二十五日に一七本の初鰹の入荷があり、そのうちの一本を中村歌右衛門が三両で求めた、とある(浜田義一郎氏のご教示による)。この三月が何年の三月かは明らかでないけれども、おそらく文化年間のことだと考えられる。そうすると、右の京山のいっていることも、例外があったことになり、鰹一本の値段としては最高である。しかし、江戸ッ子に張り合った上方俳優の江戸下り歌右衛門という特別な存在が、こういう大見得を切って見せたと考えられるところがあるので、一般的に見て、やはり初鰹は天明期がそのピーク時代であったと見てよいと思う。

『日本橋』の筆者鷹見安二郎の「江戸ッ子」の気魄が衰えたから初鰹を大金を出して買わなくなり、そのためにその値段が下落したという、天明から化政への初鰹の値段の転変に関する見解は正しくないと思うが、天明期が江戸時代における初鰹のピークであったという指摘は、まさにその通りで、このことは「江戸ッ子」を考えるうえで大事なことであると思う。しかも、こういう当時の記録をよく見ると、後の川柳などに、金持はケチで初鰹を買わないと冷笑するようなのが見えるけれども、天明ごろには、まさしく大金持が高価な鰹を買っているのである。

このように、一尾二両二分もする初鰹を買うのは、金持とはいえ紀文・奈良茂的な畸型的行動であるが、そういう行状が天明期には如実に展開されたのであった。それはケチ精神に徹していた上方ものや他国もの、あるいは勝手元火の車状態の武家たちに対する、「江戸ッ子」の特殊で、かつ、独自な行動であった。京伝が黄表紙『富士之人穴見物』のなかで、衣装を質入れした金で高価な初鰹を買うというのが、「江戸ッ子」の尻の穴の大きいところだと書いたのも、このような、天明の江戸特産たる「江戸ッ子」を眼のあたりにしていたからなのであろう。

さて以上のごとく、私は「江戸ッ子」の成立を天明期と見るのだが、ここで大きく化政期への展望を試み、その後で、この天明に成立した「江戸ッ子」の背景社会を論ずることにしたい。

天明の江戸ッ子、化政の江戸ッ子

すでにのべたように、「江戸ッ子」の主体は、多くの人々が、これを化政期以降の低階層町人に見定めてきた。これが誤りであることは右に指摘してきた通りである。それでは、天明成立の「江戸ッ子」と、化政以降の「江戸ッ子」とはどう関連するのであろうか。このことは、これまでの「江戸ッ子」論には見られなかったことなのである。そこでまず、前掲の「文献一覧」を今一度精細に点検してみよう。私が読み取ったところでは、次のような明確な相違点が指摘できると思う。

京伝の典型化した「江戸ッ子」は、客体として、客観化したところの「江戸ッ子」であるのに対し、たとえば式亭三馬の作⒇の『傾城買談客物語《けいせいかいだんきやくものがたり》』とか、松風亭如琴の作㉒の『風俗通』などは、「おいらァさ……江戸ッ子の正銘まじりなしの……」といった、一人称の、みずから「江戸ッ子」ときおい立った自称「江戸ッ子」と、俺こそ「江戸ッ子」だと空威張りするタイプの「江戸ッ子」である。

前者は宝暦以降顕在化し、天明に典型化された。後者は寛政ごろからあらわれ、化政期に一般化した。この二つの「江戸ッ子」の相違は、たとえば鷹見安二郎が見たように、一匹の初鰹に対する情熱が、二両二分から一〇〇疋に急落したのは、「江戸ッ子」の気魄が衰えたからだというように、同じ「江戸ッ子」の変化だとすべきであろうか。つまり、同じ「江戸ッ子」の時代的相違による異相と見るべきであろうか。あるいは他に理由があると見るべきであろうか。

私はこの二つの異相には、「江戸ッ子」社会に大きな断層が存在しているからだと見るのである。天明成立の「江戸ッ子」は、札差商人たち、あるいは魚河岸の魚問屋たちが中核になっているような、江戸根生いの大商人ないしは中堅町人たちがその主体になっていたと考えられ、これらの町人は、侍を小馬鹿にし、吉原や芝居を牛耳って気を吐いた。そうして、黄表紙や洒落本文学の土壌になった。

江戸ッ子の断層

ところが、寛政改革は、このような「江戸ッ子」を反体制人間として叩き潰し、「江戸ッ子」作者京伝も刑罰に処され、洒落本そのものも大弾圧をうけ、このため「江戸ッ子」町人は潰滅に瀕するほどの大打撃をこうむった。しかし絶滅してしまったわけではなく、さきにあげたように、蜀山人が賞讃したような魚河岸の旦那衆たちは、立派に、この「江戸ッ子」の伝統を誇りとしていた。

そうしていっぽうに、三田村説や竹内説がのべたような下層町人としての自称江戸ッ子が多数創出されるようになったのである。江戸の町人と一口にいっても、さまざまな階層が存在したように、「江戸ッ子」にも、このように、時代の推移にともなって、階層差による典型の相違が生じているのである。「江戸ッ子」は下層町人だけの単層的存在ではなかった。このことを明確にしておかないと、三田村説のように、混迷せざるをえないのである。

江戸ッ子の重層性とその気質をのべたのだが、こういう江戸ッ子がなぜ成立したのか、これが最も重要な条件である。ところで、ここにまず考えておかなければならないことは、江戸ッ子が単層的な低階層だけのものでなく、重層性を重要な特色としているということから、そこに、少なくとも二重構造と考えられるそれぞれが、同じ条件で成立したとは考えられない、ということである。

したがって、それぞれに、成立の条件が異なっていたということが予想される。同時に別の成り立ちかたをしたわけではなく、先にのべたように、まず本格的江戸ッ子が天明ごろに鮮明化したので、この江戸ッ子はどうなのか、ついで、化政以降に自称江戸ッ子が成立してくるが、これはなぜそうなったのか、ということを解明する必要がある。そこでまず本格的江戸ッ子の成立条件を明らかにすることからはじめたいと思う。

お江戸と江戸ッ子

このことは、すでにその結論だけは前にのべた通りである。つまりそれは、一言でいうと、江戸という中央都市は、地方大名やさまざまの地方色がそのまま存在し得た不思議な町で、そのためそういう状態が一五〇年余りも続くと、江戸根生いの町人たちが地方色とは異なった江戸らしい町人、つまり江戸ッ子になったというわけである。

したがって、江戸は武都としての中央大都市であるのに、どうしてそんなに地方が地方のまま江戸に持込まれ、それが江戸化しないで地方色をそのまま存続しえたのか、ということを解明することが重要である。

お江戸の初見

はじめにもちょっとふれたが、世界中の都市で、その町名に敬語の「お」をつけて呼ぶのは、江戸のほかにはなかろう。このことは、江戸町人研究会だけでなく、私はいろいろな方に尋ねてみたが、今までのところ類例はない。江戸だけがお江戸と呼ばれた。ただ、江戸町人研究会では、み吉野とかみ熊野とか呼ばれる「み」はどうか、ということについて考えたがこれは敬語というよりは美称または語調をととのえるためにつけられる語という、国語辞典の見解の通りで、お江戸の「お」とはかなり相違があるということになった。

それでは、お江戸だけが、どうしてそうなったのであろうか。まず文献の用例から調べてみよう。お江戸の初見は、おそらく、元和四年（一六一八）から九年の間に磯田道治が書いたものだろうといわれる『竹斎《ちくさい》』という仮名草子であろう。同書には、いよいよ江戸に着いたというところで、

形は色々品川や、渡ればこゝぞ武蔵鐙、懸けて思ひし糸桜、花のお江戸に着にけり。

と記している。上方から江戸に着いたときの江戸は、花のお江戸と呼ばれた。このお江戸は、花のお江戸で、私の考えでは、早くから京都のことを花の都といっていたので、江戸も花の江戸と呼ばれて

しかるべき絢爛華麗な都になっていた。その花のみやこに対し、花のえどでは相対する言葉としてえどが軽い。そうかといって、花のみえどはおかしい。そこでごく自然に、まず花の都に相対する美称のような意味で花のお江戸という言葉ができ、『竹斎』にはそれが記されるまでになったと思われる。

文献のお江戸

こういうかたちで、お江戸と呼ばれはしたが、それはごく一部の人たちのことであって、一般には普及しなかった。次に見える文献は約六〇年後の延宝八年（一六八〇）、やはり同じように『元のもくあみ物語』という仮名草子で、これにも「花のお江戸」とあり、また「お江戸は近しと悦びて」というように出てくる。このお江戸も、まだ『竹斎』と同じように、花の都、花のお江戸という、美称意識のひびきが感じられる。

貞享三年（一六八六）の刊行になる『御江戸大絵図』とか、同年に出版された『御江戸大鑑』などになると、もちろん美称のひびきが全くふっ切れたというのではないが、よほど敬語らしくなっている。その翌年に刊行された『古郷帰乃江戸咄』には「名にしあふ花のお江戸の桜田や、霞ヶ関も戸ざゝざる御代」とあって、この花のお江戸は、文字や言葉面は同じであっても、実際の意味内容では、もうほとんど敬語のお江戸に定着してきたように思われる。江戸は「名にしあふ」大きな存在になってきたからである。

そうして、十八世紀を迎えると、明和二年（一七六五）の『御江戸名所方角書』、安永二年（一七七三）の『御江戸繁栄往来』、天明五年（一七八五）の『御江戸往来泰平楽』など、往来物にまで、お江戸は普及することになった。

話し言葉のお江戸

このように、出版物に見えるお江戸から、おそらく話し言葉としても、江戸は、お江戸と呼ばれるようになっていたのであろう。江戸歌舞伎の代表的なレパートリーの一つである「助六」の舞台で、くわんぺら門兵衛と朝顔仙平に詰めよられて啖呵を切る助六のセリフのなかに、

金龍山の客殿から、目黒不動の尊像までご存じの、お江戸八百八町にかくれのない、杏葉牡丹の紋附も桜に匂ふ仲の町、花川戸の助六とも、又揚巻の助六とも言ふ若い者だ、間近く寄つて、面像拝み奉れエ、。

というのがある。おそらくこういう啖呵のなかでも、お江戸八百八町というようなところは、早くに固定した言葉だったように思える。だから、文字よりは、話し言葉のほうが早く、それが一般に話されるようになって、いろいろな文化品や出版物にお江戸が冠せられるようになったものと思う。

こういう呼び方をするようになって、それが一般化した最大の条件は、江戸の将軍家の存在が大きかったからだと思う。

将軍とお江戸

たとえば将軍が上野参詣に行くとか鷹狩に行くといった場合、御成道をお成りになるのであり、お鷹場へお鷹狩にお成りになる。お蔵前をはじめ、日比谷御門・桜田御門などすべての門にも「御」の字付けで呼んだ。

つまり、封建社会の身分制がたいへんきびしくたたみあげられていた江戸時代に、江戸の町では、天下様が君臨していて、その天下様に直接関係のあるものは、安宅丸のようなボロ舟格納庫でもお舟蔵と呼ばれたように、何でも「お」の字附けの敬語で呼ぶのが一般化した言葉になった。

江戸には三百諸侯が上・中・下の武家屋敷を持ち、この大名たちの権威も大きかった。しかし、御成道やお成りやお蔵前・お舟蔵あるいは日比谷御門などの敬称は、将軍あるいは、将軍の居城たる江戸城や将軍家のものに限られていた。こういう呼び名がいつごろから行なわれるようになったかは明らかではない。おそらく江戸初期にはあったであろうが、一般に固定し、定着した用語にはなっていなかったと思われる。それがごく普通の話し言葉のなかで用いられるようになってきたころに、江戸もお江戸になり、先にあげたような文献などに用いられたものと考えられる。

こうなると、花の都としての京都と相対する言葉としての発想で呼びなされたお江戸とは全く異質のお江戸が出現したことになる。つまり、このお江戸は江戸城があり、将軍が君臨している武家の都としての江戸という、江戸の独自性に根ざした内容から規定され成立してきた言葉ということになる。お江戸という言葉は、こういう内容をもっているといえる。

今の私たちにとっては江戸時代の将軍の存在感が、実生活のうえでどういうように感じられていたかは、想像も及ばない絶大なものであったと考えられる。江戸ッ子が、第一条件に将軍と同じ江戸生まれだという自負をもったこととか、氏子が同じだといった言葉のなかなどには、そういう意識が包含されていると見てよいと思う。

このように見てくると、お江戸は元禄ごろには、そろそろ一般に呼びなされるようになってきた呼び名であったが、十八世紀になると次第に普及し、十八世紀後半期になると、もう話し言葉にもいろいろな文献にもごく普通に呼びなされるようになったと考えられる。

お江戸と江戸ッ子

このようなお江戸を見てくると、これもやはり、江戸ッ子が鮮明化してきたように、江戸の大都市の特殊性がお江戸ということになってきたということになる。ということになると、実は、江戸ッ子が江戸にとって重要な存在であるように、お江戸もまた、江戸にとっては重要な意味をもつことになるといえよう。

ところが、不思議なことに、これまで、このような意味をもつお江戸について本格的な考察をしたものがない。私も、江戸ッ子については長い間考えてきたが、お江戸については、実は最近になって考えついたのである。そして、多くの方々に教えをうけて、ようやく右のようなお江戸論ができた次第で、これまでの研究には、お江戸の考察はない。大江戸はもちろんお江戸という呼び名のあとに一般化した言葉と考えられる。

こういうことなので、このお江戸論は、短期間に調べた、ごくかぎられた史料によって考察したものなので大筋としては間違っていないと思うが、なお不十分なところがあると思う。それらは識者の批正を得、かつ私自身今後、いっそう完璧を期したいと思う。

ともかくこういう江戸の特性の成立根拠としての異質性の顕在化ということについて、以下さらに考察をすすめたいと思う。

こういう異質性は、幕府の大名統制をそっくり江戸に再現した江戸屋敷としての大名配置に如実に示され、それが御用商人・御用職人などにも強く反映して江戸の社会構造がたいへん特殊なものになった。このことからまず見ていくことにしたい。

大名統制そのままの江戸藩邸

大坂夏の陣で豊臣家が滅亡し、ただちに武家諸法度と禁中並公家諸法度を公布して、大名統制にはきわめてきびしい政策を打出したこの方針はその後幕末まで一貫して変ることなく、代々の将軍は新任に当たって、必ず武家諸法度を公布し、この基本方針をあらためて確認した。そうして、すでに多くのすぐれた研究によって論証されたように、以後約一世紀にわたる江戸初期に、断絶した大名は一九四(家康の改易《かいえき》四〇、秀忠三九、家光四四、家綱二六、綱吉四五)という(藤野保『徳川幕閣』。同『幕藩体制史の研究』)、実に驚くべき多数にのぼっており、領地削減とか、削減されて転封になった者などこれもまた驚くほかはない。それほど冷酷に、かつきびしくこの法度は強行され、将軍の実弟のような場合でも、すこしも容赦されることはなかった。五代将軍綱吉のごときは、外様大名は一七名にすぎないのに、門閥譜代の名家を二八藩も改易に処しているのである(藤野保『幕藩体制史の研究』)。そうして新たに徳川一門や多くの譜代大名を取立て、その数は家光の時代までで、総数一七二名にも及んでいる。

この基本方針は江戸幕府の安泰を確保するための最も重要なものであった。この大名統制原理によって、全国の大名配置が何度も何度も改訂され、ほぼ一世紀余にわたって、ようやく安定した。このことは、ただちに大名の江戸藩邸に反映したことはいうまでもないことで、動揺のはげしかった初期約一世紀余の期間は、江戸の藩邸も、取潰しとか、転封《てんぽう》とか、それぞれの大名の変動に応じて、変動していた。

そういう大名統制の変動期がほぼ完了し、全国的な大名配置や取潰し・転封などもほとんどなくなって、安定期を迎えたのは享保ごろだといわれている。この安定期は、もうすこし前の元禄末ごろからそういう大勢になったのであって、江戸の都市計画におけるさまざまな変貌展開を見ても、大体元禄末ごろまでで、ほぼ大きな変動が終っているのである。

江戸城ならびにその家臣団たちのための施設や拝領地など、これらは元禄末ごろまでに一段落し、大名屋敷の上・中・下の拝領地、あるいは各大名が、封地の領国から移した領国の神社の分社とか、江戸の菩提寺なども、大名の変動によって、いろいろ変動したが、これらも含めて、各大名屋敷が十八世紀以降は、江戸の町中においても大体安定期に入ったと見てよい。

このように、江戸の最も基本的都市構造たる江戸城とその家臣団と諸大名藩邸がほぼ安定期に入った十八世紀以降が、江戸の社会構造においても、安定期に入ったと考えてよいと思う。こういうことを前提として江戸の武家屋敷ならびに、その武家社会を考察してみると、どういう現象が目につくであろうか。元禄ごろの江戸の地図を見ると、この地図に見える大名の江戸藩邸は、武家諸法度を基本法として全国の大名配置を決めてきたのと全く同じ原理で配置されていることが、一見して明らかである。

大藩邸を取囲む幕府勢

たとえば元禄三年（一六九〇）の「江戸御大絵図」によって、外様最大の大名加賀前田家の江戸藩邸を見てみると、東隣が家康四天王の一人と称された徳川家の重臣井伊家と並ぶ門閥譜代の家柄を誇る榊原家の屋敷で、その隣が松平飛驒守・松平大蔵大輔らの譜代大名、北隣は水戸徳川の屋敷、西は中仙道の道を隔てて、代々老中役になる大名阿部対馬守と、家康以来の幕閣の名家本多家であり、わずかに南隣だけが中仙道沿いの寺院と町屋《まちや》であった。そうして不忍池の向う側には三〇万坪に及ぶ幕府の軍事拠点であった上野の東叡山寛永寺があって、その高台の上から前田藩邸をにらみ下していた様子がよくわかる。

加賀前田のような大藩であるから、特別に注意深く幕府権力側の有力大名たちに取囲まれていたということもあろうけれど、芝田町の島津藩邸薩摩屋敷なども同じように、幕府権力と親藩や譜代の大名たちに包囲されていた。大藩は特にきびしかったように見えるが、これは前田とか島津などは世間の注目を集める大藩であったから、幕府政策の基本はこのように冷酷で厳重なものだという典型表示の意味もあったであろう。それに、小藩の場合は、江戸藩邸も小さかったので、たえず移動が可能であった。ところが、このような超大藩となると、藩邸の規模が広大なので、御三家とか井伊家などのような藩邸と同様に、かなり早い時期から定着して移動しなかった。そのかわり監視網をきびしくしてあったということにもよる。

中小藩邸の移動と強制移転の町

いずれにしても、中小藩は古地図によると、初期の約一世紀、元禄ごろまでの期間は、たびたび江戸の藩邸が移動しているのである。これは前にものべたが、改易大名が一九四もあり、新取立ての大名ははるかにこれを上回る数にのぼっているので、そういうことも一つの大きな理由になっているが、徳川一門・譜代・外様の別なく中小大名の江戸藩邸は頻繁に移動しているのである。

この原理は大名の孤立的存在を決定的なものにするということに帰する。約一世紀の間に代々の将軍とその幕閣家臣たちが強行してきたことは、言葉や文字による誓約とか忠誠心などというものはもちろんだが、そういう無形のものだけではなく、現実の力関係による大名の個的存在を決定的なものにしたということである。だから、徳川一門や譜代の新大名が成立しても、それらはすべて同様に領国においても、江戸においても、彼らは将軍とタテには強く結びついていたが、ヨコ社会の連帯はきびしく監視され、かつ絶ち切られた個的存在であった。

このことは、将軍家・大名家の御用達町人としての職人や商人にしても、当然その影響を受けたのであって、御用達の町人たちもまた、個的存在を余儀なくされたことはいうまでもないことで、このことは江戸町人の存在条件として、まことに顕著な特色となったのである。

さてこのような、江戸城の大土木工事とか、大名や旗本・御家人の藩邸や武家屋敷のはげしい移動とかによって、町人居住地はいつでも簡単に強制移転を命ぜられた。そのため多くの町人たちが、一定地に長期の安定した定住を続けることは不可能で、たえず強制移転をくり返さなければならなかった。このことは『江戸町人の研究』第一巻の「江戸町人総論」で、「強制移転の町」としてくわしく論じた通りである。

火災の頻発

また、『江戸町人の研究』第五巻の「火災都市江戸の実体」において詳論したことなので、ここには省略するが、江戸の町人たちの集居地帯であった、いわゆる下町一帯、日本橋から神田ならびにその東側の横山町・人形町・伝馬町などの町人主体の町地にあっては、明暦の大火（明暦三年〈一六五七〉）から天保十二年（一八四一）の大火までの一八五年間に、たとえば堺町・葺屋町の中村座・市村座は三三回全焼。日本橋の瀬戸物町とか小田原町なども、ほぼこれに近い頻度で全焼している。ということは五年から六年に一度は火災で全焼するというのが、江戸の下町の町人の被災実態であった。享保年間には消防設備ができたので、火災被害はかなり少なくなったが、元禄とか、宝暦―天明期のような、火災頻度の高い時代には、二年に一度とか、三年に一度というほどしばしば全焼の憂目にあったのである。

武家屋敷は広大な地所が多かったので、町屋とは比較にならないほど全焼頻度は少ない。軒を並べて櫛比《しっぴ》し、しかも板葺屋根などの多い下町の町屋や、街道沿いに並んでいた町屋は、火事となると、軒並み総なめに燃え広がっていった。こういうことで、火事は江戸の花ともいわれたが、まさに江戸の町屋は火災連発の状態を常としていたのである。

このように見てくると、まさに江戸は強制移転の町であると同時に火災都市であった。広い町屋の一部を強制移転させるので、その代償の土地を与えて、そこへ町ぐるみ強制移転させたことがしばしばであったから、江戸には「何々町代地《だいち》」という、町名の下に「代地」とついたところが至る所に見られたのは、やはり江戸の特色であった。

強制移転・火災頻発、こういう現象は、町の住人を恒常的に定着させて置くことを不可能とした。大商店などの、土蔵造りとか、地下穴蔵の設備が整っているものは別として、多くの町人は、火災のために一定地定住はむずかしく、そのため町の住人は、めまぐるしく住みかわっていった。

強制移転は初期の前半余りに集中して多かったのであるが、火災は後期にも変ることなく頻発しており、このため江戸の町屋ではたえずその住人の転変があったのである。

個的社会の醸成

こうして、江戸の下町住人たちは、個的に、個的にと引き裂かれていったのである。

以上のように見てくると、江戸の社会構成は、武家そのものが個的であり、それに規制されていた御用達町人が個的であり、そのうえ、そういう条件を別にした場合でも、町人たちはさまざまな条件によってたえず個的存在に引き裂かれ続けていたのである。

こうして江戸の社会では、武家も、町人も、隣の人、隣の屋敷が、極端ないい方をすれば相反目しあった人たちばかりであったとさえいえそうな状態であった。旗本・御家人と大名たちとのにらみ合い、大名と大名とのにらみ合い、それは同時にその家臣と家臣のにらみ合いでもあった。武家と町人のにらみ合い、御用達相互のにらみ合い、町人たちのにらみ合い、こういう現象が江戸の社会では、地方から入り込んで来た下層出稼人たちの間にまで、波及し、長い間に江戸の町ぐるみの風潮として醱酵し、おのずとしみついていって、江戸全体の気風にまでなっていったのである。

芭蕉東下の条件

『江戸町人の研究』第一巻の「総論」で私は、松尾芭蕉が武士に見切りをつけて俳諧宗匠となり、江戸に移り住んだのはなぜかについて考察した。それは、彼が大坂の旅先で死ぬ一〇日前に作った句「秋深き隣は何をする人ぞ」という一句がこれをよく象徴していると見た。この句は大坂でできた句だが、いろいろな解釈があるけれども、「隣は何をする人ぞ」というのは、隣人への関心と同時に、隣人との断絶を意味している。それは彼が個に徹して生きたいと念じた生の終極目的であった。その生の実践を彼は旅と江戸の生活の中で行じた。

江戸は江戸初期以来、個的存在に引き裂かれた人たちの集まっている大都市という運命を決定づけられてきた町であった。しかし、そういうことは、農村共同体の中から抜け出してきた人たちばかりで構成した初期の時代には、どうしてもそうなることはできなかった。それが元禄の芭蕉のころになると、個的存在に引き裂かれていた人間たちの町というように、江戸の社会構造が明確化してきたのである。だから芭蕉は貞門だの、談林だの、宗匠だの、と煩わしい世をさけて、市隠《しいん》として、漂泊者としての個の生を生きることのできた江戸に住んだのである。

こういう江戸は、まことに殺風景な社会である。冷めたい、がさがした、とげとげした、それでいて尖鋭な力がいつも袖のうちにかくされているような、油断を許さない、ひそかに剣を磨いていなければならない、対立抗争が内面に秘められている、そういう社会であった。

個に引き裂かれれば引き裂かれるほど、その個は他の個と対抗し競争し、つばぜり合いをする。そういうつばぜり合いの大きな渦を巻いていたのが江戸であった。

それは町ぐるみの大渦であった。上方には、特に京都の町のごときは、古くからの町衆《まちしゅう》の伝統的な共同体が根強い力で結びあわされた社会を構成していた。ところが江戸は個に分断された個的な人間ばかりの町であった。

天下祭りと荒事のエネルギー源

大名も旗本も、町人もすべて個的な存在であった。もちろん江戸にも、山王祭りとか神田祭りをはじめ浅草・深川の祭礼などで、町の共同体が江戸風の祭礼を行なうなどのことはあった。しかし、それとて祇園祭りの町衆の共同体とは質のちがったものであった。江戸の祭礼の馬鹿さわぎは、個に引き裂かれた町人たちが、はげしくつばぜり合いをしているその相互抵抗の競争的エネルギーが、大渦になって巻き起った爆発的現象であったといえよう。

芭蕉とともに、元禄の江戸文化を代表する市川団十郎の江戸荒事も、それが関東地域の民話曾我五郎を舞台化したローカルな文化センターとしての江戸の成立によるものであったことはすでにのべた通りであるが、この荒事が年中行事化していった理由は、それが集団の力とか、群像が主題になったのではなくて、個としての五郎が、超人的に活躍するからである。集団陰謀によって悪質権力を誅伐することに成功した、赤穂浪士の群像をドラマの主題に据えた名作『仮名手本忠臣蔵』は大坂で生まれた。

江戸荒事には、舞台狭しと大勢の俳優が登場することも少なくない。しかし、その荒事師としての主役は個的存在である。個であるその超人的活動が絶大な支持を得たのである。団十郎が大スターになりえたのも、このような熱狂的支持が集まったからである。このような江戸の熱狂的団十郎びいきということも、さきの江戸の祭礼の爆発的なさわぎと同じように、それは個に引き裂かれたために熱気を帯びるまでのつばぜり合いになった江戸町人たちのエネルギーがたぎり湧いた渦潮のようなもので、その渦潮の象徴が江戸荒事で、その象徴を形象化したのが団十郎であった。

十一月の顔見世の「暫《しばらく》」と、正月の曾我狂言の五郎とを、江戸三座がこれを毎年揃って以後幕末まで演じ続けたのは、この江戸荒事が、江戸の町の内面でおのずから醗酵して醸成された江戸の生命体そのものの象徴であったからだと考えられる。

そういう象徴は、邪悪権力を誅伐する役目だけではなく、年の厄払いにも疫病払いにもなった。そういうことで、荒事を演じる役者が舞台で大見得をきった舞台姿は、浮世絵師たちによって役者絵に描かれ、かつ板画として流行した。この荒事役者絵は神社の絵馬にも奉納され、遠い地方の村々にまで普及したほどであるが、それは江戸の町人たちの産み出したもので、江戸町人のものであった。わけても江戸城の大奥とか、武家屋敷の女中たちの人気をさらったことは想像を絶する熱狂的なものであった。この熱狂は、縁日や祭礼の群衆が結局は個であるように、個人の熱狂であった。独りひそかに楽しむための絵であった。

独り楽しむ浮世絵

浮世絵という呼び名は早く元禄ごろに見え板画として行なわれたが、江戸中期の明和ごろ鈴木春信の錦絵《にしきえ》のころから江戸ではこれを江戸絵とか、東錦絵などと呼びなし、勝川春章《かつかわしゅんしょう》・喜多川歌麿などの名手が続出して、江戸名物となり、江戸において発達することになった。これはやはり、役者絵を独りひそかに楽しんだように、独りで楽しむ絵であった。だから、どうしてもそれは板画として大量に生産しなければ需要に応じきれなかった。このように、浮世絵もまた個的存在であったからこそ大量の生産を必要としたのである。それは個に分解されていた大都市江戸の人間存在が基盤となって創造された特殊な文化品であった。

男だけの江戸店

さらに、林玲子氏が『江戸町人の研究』第二巻の「江戸店の生活」でくわしく論じたごとく、本店が地方にあって、江戸に出店をかまえたのが江戸店《えどだな》で、越後屋・白木屋・黒江屋・大丸屋・伊豆蔵・越前屋・山形屋などの京商人の江戸店、その他名古屋・伊勢・近江などから出ている店々など、江戸にはきわめて多数の江戸店があった。

こういう江戸店は、その奉公人たちの大部分が本店の主人の出身地の青少年を採用した。たとえば白木屋の場合、初代主人は近江出身であったから、日本橋白木屋では一二八人中九六人が近江出身で、ほとんど大部分がその出身地の子弟、それも女は一人もいない、男ばかりの店であったという。

同様に、越後屋も初代は松坂が出身地だから伊勢松坂近在の者が多く、松坂屋は名古屋で、これまた名古屋近在、大伝馬町の長谷川という木綿商いの大商店は伊勢というように、すべて郷里の青少年が江戸店で働いた、男だけの店員による店であった。

また、林氏によると、一一-一二歳で入店し、九年目に初登りといって一旦帰郷し、優秀な者だけが再度江戸に呼ばれてはじめて一人前の手代となり、支配役は入店後三〇年以上、妻帯は退職後はじめて可能であった、という。

この江戸店が男だけであったことは明治になっても長く変ることがなく、最も早く女店員を雇い入れたのが越後屋で、三越には明治三十七年六月二十六日に、この新しく採用した女子店員全員に「誓」をたてさせ署名させたものが伝わっている。それには、

明治三十七年六月廿七日

誓

男子の店員は己れの讎敵《あだかたき》と心得申すべく候。

芳賀　貞

小沢　レイ　（以下略す）

というように女店員全員が男性店員を仇敵と思うことを誓い名を連ねている。こういうことであったから、江戸店は完全に質朴なる田舎の人たちが、次々と入れかわって、そこに濃厚な地方色が長年月にわたって存続した。

それが御用達として、郷国を同じくしているような江戸店だと、大名の個的存在とともに、隣人や同業とも親しく共同体を構成することのない個的存在としての地方色を存続し続けたのである。

このほか、江戸には、多数の田舎侍・脱藩浪人・出稼人・奉公人、商用・訴訟や遊び人、遊俠の徒などのほかに、村を逃げ出して流入してくる農民離村者など、江戸の人でない地方人がごった返していた。

地方色の定着と根生い町人の顕在化

そうして、右に見たような火災や強制移転でたえず流動を余儀なくされていた住民たちも、強制移転が一段落し、大名たちの転封もようやく安定期を迎えて江戸屋敷も個的に分断されながらも、それぞれに定着するようになった。同じように、下町の町人たちにしても、頻発する火災に馴れ、耐火建築土蔵、穴倉設備つまり地下室の構築などによる商品避難の安全な方法を確立して、火災対策に万全を期し、大火といえども、さして驚かない生活慣習が身につくようになった。

つまり、江戸の町には、侍や町人の多くの人たちが、初期以来百数十年も経過しながら全く江戸化しない田舎者として、そこに鮮明な地方色を持ち続けた。だから、宝暦〜天明ごろになると、こういう江戸詰田舎侍や江戸店田舎者その他の田舎者には、そこにおのずから江戸での生活のパターンが定形化することになった。

それと同じように、何代も江戸に住みついて、右に見たように、火事にも驚かない、江戸の都市生活を巧みに乗りきってゆく町人たちも、江戸根生いの町人なればこそ可能だという独特の生活のパターンができてきた。この相異なる両者の存在は、相互にさまざまな交錯や対比現象を見せつつ、そこに鮮明な人間模様が顕在化することになった。これが宝暦以降の十八世紀後半期を迎えた江戸にあらわれてきたまことにいちじるしい社会現象であり、大都市江戸の特殊な都市民俗風景であったといえよう。

こういう江戸という大都市の民俗が定着してくると、そこに江戸店とか田舎侍などの非江戸ッ子的存在と江戸根生いの町人たちとが、民俗として、つまり生活の慣行や気質までが鮮かに相異なる類型として顕在化することになった。この場合の江戸根生いの江戸町人、それが江戸ッ子と呼ばれることとなったのである。だから江戸ッ子は、非江戸ッ子たる地方色の存在が典型的に存在しえたという江戸の特殊事情が創出したものである。こういう江戸の特殊条件が成立したような大都市は世界中のどこにもない。

近世日本の徳川幕府の権力構造が、幕藩制社会という特殊な国家構造を形成し、その集約として、世界のどこにもない独特な武都大江戸を創出した。それがお江戸と呼ばれるようになりその独特な江戸の構造が、やがてそこに大きく成長してきた町人社会に、大きく、かつ微妙な影響を与え、さまざまな人間社会の相互間に独特な緊張関係を保ちつつ、長い年月を経過するうちに、江戸ッ子という独特な町人たちが成立したのである。このように、江戸ッ子は、江戸にだけ成立した町人である。

洒落本と江戸ッ子

江戸ッ子は、このようにして創出されたものなのだが、これを「文献一覧」により、別の角度から集約してみると、江戸ッ子という言葉、つまり江戸ッ子意識が鮮明に描き出された文化ジャンルが、かなりはっきりと浮かび上ってくるのである。それは洒落本と歌舞伎と川柳の世界である。江戸ッ子という言葉やその気質を書き載せた洒落本は次のごとくである。上の数字は「江戸ッ子文献一覧」の通し番号である。それは、

(4)　『中洲雀《なかずすずめ》』　安永六年　道楽散人無玉作
(6)　『彙軌本紀《いきほんぎ》序』　天明四年　ロ唐出鳳台譲談撰
(7)　『通言総籬』　天明七年　山東京伝作
(9)　『戯作四書京伝予誌』の「通用」　寛政二年　山東京伝作
(16)　『廓通荘子』　寛政七年　（三田村鳶魚説）

(18)『廓通遊子』　寛政九年　藍江作
(19)『辰巳婦言』　寛政十年　式亭三馬作
(20)『傾城買談客物語』　寛政十一年　式亭三馬作
(21)『青楼夜世界闇明月』　寛政十一年　神田あつ丸作
(22)『風俗通』　寛政十二年　松風亭如琴作
(24)『三千之紙屑』　享和元年　うくひす谷白眼作
(25)『青楼小鍋立』　享和二年　成三楼主人作
(26)『穴可至子』　享和二年　富久亭作
(34)『青楼快談玉野語言』　文化七年　花山亭玉斎笑馬作
(43)『花街鑑《さとかがみ》』　文政九年　東里山人作

右の一五例である。おそらく今後なお増えるであろう。この洒落本の一五例が最も多く、次が歌舞伎関係の一〇例、ついで川柳の七例となる。これだけで三一となる。「文献一覧」の江戸時代のもの五一例中三一がこの分野である。

江戸ッ子創出の文化社会

洒落本はその大部分が江戸の遊廓吉原を舞台として発達した遊里文学である。また、歌舞伎はその吉原と最も密接に結びついて発達した舞台芸術で、洒落本とは、きわめて親近な間柄の江戸文化である。浮世絵は言葉を持たないので、江戸ッ子という言葉の表現をその画面から見出すことはできない。しかし浮世絵は洒落本や歌舞伎とほとんど同類の発想や美意識ならびに人間としての行動原理を表現しているといえよう。

そうして、これらの洒落本は、天明から享和まで、つまり十八世紀末にほぼ集中している。先に『天狗礫鼻江戸ッ子』ならびに「若紫江戸ッ子曾我」の、出版されたり演じられたりした寛政四―五年（一七九二―三）ごろが、江戸ッ子意識の高まりの一つのピークであったことを見たが、浮世絵も川柳も、天明から寛政への時期は同じようにその黄金時代で、このような文化ジャンルに、江戸ッ子がくっきりとした存在として誕生してきたのである。

お江戸と呼ばれるようになった江戸の、江戸らしい町人文化としての代表的なもの、江戸歌舞伎・浮世絵・洒落本・川柳・黄表紙などの創造母胎、そこが同時に、江戸ッ子創出の基盤社会でもあったといえよう。

以上、お江戸という大都市に成立した江戸根生いの町人たちである江戸ッ子の成立について考察した。ついで「自称江戸ッ子」の成立についてのべなければならない順序だが、このことは、後に「自称江戸ッ子」について、まとめて論じたいと思うので、ここでは省略したい。

江戸ッ子の背景

江戸ッ子気質の伝統

「いき」と「はり」

すでにのべたように「江戸ッ子」は単層的存在ではなく、重層的に存在していた。この重層性は寛政ごろからあらわれはじめ、化政期以降顕著となった。そのため、下層町人の「自称江戸ッ子」が、あたかも「江戸ッ子」の総体であるかのように見なされてきた。そうではない。このことは「江戸ッ子の成立」でのべた。そこで、このことをいっそう明確にするために、本章では、根生いの大町人ないしは中堅町人たちが、「江戸ッ子」の主勢力であったことを、その伝統や実体に即して論じたい。

伝統的抵抗精神

さきに「江戸ッ子」の気質を五つの特性について考察してきたのであるが、この五つは、さらにこれを抽象化すると、結局、抵抗精神と優越感の二つに集約されるであろう。以下これをそれぞれにわたって論じるが、抵抗精神については全体の構想をあらかじめ大観しておく必要があると思う。はじめの論では、この抵抗精神を江戸ッ子気質の伝統としてとらえ、その伝統的抵抗方法を二類型に分類した。すなわち、第一類型が積極的方法で、これが「いき」と「はり」の伝統である。第二類型が消極的方法で、これが「やつし」の論理である。この「やつし」の論理というのは、現実を遮断して封建身分を解消し、自由な別世界を現成して自己解放をとげるという、独特のユートピアを創出したこと、つまり、特殊日本型文化社会を創り出したことを意味する。

さて順を追って、第一類型の積極的抵抗法としての「いき」と「はり」から論じてゆくことにしたい。延宝三年（一六七五）の刊行になる『難波鑑《なにわかがみ》』には、「長崎の寝道具にて、京の上臈《じょろう》に、江戸のはりを持たせ、大坂の九軒町にて遊びたし」とある。このことは井原西鶴の『好色一代男』にそっくり用いられており、また享保年間に、大和郡山藩士柳沢淇園《きえん》はその著『ひとりね』のなかで「いかさまにも古い願ひなれども、京の女郎に江戸のはりをもたせ、長崎の衣類にして大坂にて遊びたしといへ共……」といっている。

「はり」の伝統

これは、江戸初期の代表的都市の性格を遊女にことよせて、巧みに表現していると見ることもできる。遊女にかぎらず、その土地の住民は、おのずからその都市や田園の土地柄を表象する。右の言葉のなかで、遊女の性格を「はり」というような心象あるいは振舞・行動の特色からとらえたのは、江戸だけで、江戸の遊女の「はり」は早くから顕著な特色を表象していたのであろう。

「はり」は張りあうことである。対抗し、競争し、競演し、せりあい、負けじ魂を突っ張って一歩も引かず、というように、主体性を強調している状態である。こういう「はり」が江戸の土地柄をおのずから表象していた江戸女郎の特色であったということは、江戸の土地柄が、実はもっと以前の幕政初期からの伝統に根ざしていることであった。それは、初期にかぶきものと呼ばれ、やがて男だてと呼ばれた遊侠の徒の心構えや行動様式に代表されるものであった。

町奴・男だて

こういうかぶきものの出現は、江戸にかぎったことではなかった。しかし、このかぶきものの系譜が、男だてとして、鮮明な社会的存在になったのは江戸が特に著しかった。それは、全国の大名やその家臣団がひしめきあっていたことや、浪人たちが群れ集っていたことや、「江戸町人総論」(『江戸町人の研究』第一巻)で論じたように、強制移転がはげしく、武家の権力が大きく町人におおいかぶさっていたこと、ならびに他国者の入りこんだ江戸店には、一人も女性がいなかったこと、莫大な数の大小寺院の僧侶が、ほとんどすべて男ばかりであったことなどに加え、火災が連発して、たえず大量の労働力が必要であったから、ごく手軽な出稼労働者が大量に入りこんでいたし、それらの労働力はほとんど血気さかんな男性であったことなど、こういう条件を数えただけでも、江戸は極端な男性都市であった。

しかもそういう男性は、老耄者はいなくて、血気盛りの男がひしめきあっていたのである。だから、大名と大名との対立はもちろん、幕府家臣団と大名家臣団との対立、さらには、上位者と下位者の対立など、武都という大名集居が自然に巻きおこす相互「はり」合いの現象は、時に血の雨を降らすようなことにもなった。こういう対立は、当然町人に大きなしわ寄せとなって、罪もかかわりもない町人が多大の損害をこうむることなどが少なくなかった。しかし、封建社会には、社会の公正を守るための平等な人権は公認されず、したがって、人権保護の公法は全くなかった。

つまり、強力な武家権力が、公序良俗に反した無法行為をしても、これに対抗する法律というものはなかった。このことは江戸にかぎったことではないが、初期の江戸では、そういう殺伐たる現象が多発したので、いきおいこれに対抗する実力をもつものとして、町奴《まちやっこ》と呼ばれる男だてが多数出現した。

武家相互の「はり」合いはともかくとして、武家と江戸町人との「はり」合いは、元来武家の御用達としての役割を果たしてきた町人自身にしてみれば、それは容易にできることではなかった。したがってそういう社会構造の欠陥を補正充足する意味において、町奴や男だては重要な役割を果たし、権力の無制限横暴に対する歯止め役を演じていたのである。男だてがすべてこのような積極的な行動に終始していたわけではないのだが、しかし、こういう行動は、武家暴力に「はり」合う正義感の権化としての美しい社会的行動の一面であったことはたしかである。

こういう社会的な実像が、時代の典型として抽象化されたのが、元禄に成立した市川団十郎の創演になる江戸の「荒事《あらごと》」である。この荒事の直接源流はもちろん金平浄瑠璃《きんぴらじょうるり》である。しかし、金平は間もなく衰滅したのに、江戸荒事は幕末まで生き続けた。このことは、江戸荒事は金平に発しながらも、その思想根底が違っていたからだろう。それは中世の曾我物語を基盤とした御霊の荒神思想を舞台化したものであり、関東の伝統的民俗信仰を発掘して、新しい舞台芸術を創造したものであったからだと私は思う。

荒事芸と御霊・五郎

荒事は、荒々しい演技法によることはいうまでもないことなのだが、その根本的な特色は、荒神の破邪顕正行為ということであろう。日本には古来、権力に圧殺された偉人の霊魂が、荒神として出現し、はげしい祟《たた》りを演じる、と、考えられてきたことが多く、天神信仰などはその好例である。市川団十郎が創演した荒事の主人公は、その多くが何々五郎という五郎であった。ということは、柳田国男以来、多くの学者が指摘してきたように、五郎すなわち御霊で、それは古来の御霊信仰の表象であった。この表象は、古代以来の日本人民の信仰、わけても弱者を庇護する神、邪悪な暴力や権力を屈伏させ、その横暴を破砕する御霊信仰に根ざしているというのである。だから歌舞伎の荒事に登場する五郎は、鎌倉権五郎・大人弥五郎・曾我五郎・大館左馬五郎・竹抜五郎・矢の根五郎・篠塚五郎・般若五郎など多くの五郎が荒神のような超人的荒事を演じる。こういう発想は、佐倉宗五郎という五郎芝居でさえ、最終幕に死霊の祟りを演じたという（郡司正勝『かぶき――様式と伝承』）。

このように、荒事は、御霊の荒神信仰を形象化したところに庶民の熱狂的感動を呼び、江戸劇壇に大きな位置を築くことができた。したがってその創始者初代市川団十郎は一躍劇壇の大立物となり、大スターにのし上ったのである。

五郎の代表曾我狂言

ところでこのような、多くの五郎のうち、最も代表的な五郎は曾我五郎であった。そのことは正徳ごろから幕末まで、中絶することなく、江戸の三座で必ず正月には毎年曾我狂言を演じ続けたこと、また、中期以後毎年五月二十八日には三座の楽屋で曾我祭りが行なわれたことなどがそれをよく示しているといえよう。五年や一〇年ではない。百数十年にわたって、しかも江戸の三座とも揃って毎年正月に曾我五郎の超人ぶりを演じ続けたのである。こういう点で、多くの五郎のうち、特に江戸では曾我兄弟の御霊が五郎代表となった。

このことは江戸という土地柄に帰因することであって、私はその理由を二つの面から考えている。一つは権力と対決した具体的な史上の有名な人物であること。今一つは、この曾我兄弟の仇討物語が、上方ではなく、伊豆箱根のあたりで作られ、それがやがて関東一円に流布した関東地方の語りものであり、民話化したものであったということである（角川源義『妙本寺本曾我物語』の後半に収めた同氏の「妙本寺本曾我物語攷」のなかで氏は真字本の『曾我物語』はすべて妙本寺本系のものでこの物語は、伊豆山や箱根権現の信仰圏において成立し、のち時宗の徒などによって関東一円に流布されたことを、精細克明に論証した。しかもこの物語の関係地の現地をたんねんに踏査精究した立場で、この見解は正鵠を得たものとして高く評価したい)。

つまり第一の理由は、史上のなまなましい事件だということ。第二の理由は、これが関東産の物語で、関東の民俗に深く根ざしたものであったということである。

江戸の民話劇

このような関東の民俗伝承が、江戸の庶民の心に大きく反響して江戸劇壇の曾我五郎が発展していったのである。このことは、江戸が中央都市であると同時に、関東のローカルセンターでもあったことを表明しているものであり、このローカルな曾我五郎伝承は、それが民俗としての庶民のものであったように、大都市江戸の庶民の心象に支えられて大きく成長していったのである。つまり曾我狂言の五郎の荒事は、古代以来の伝統的な庶民の抵抗精神が、特に関東産の地方色豊かな舞台芸術として、元禄以降の江戸で結晶したものである。その結晶核の役割をつとめたのが市川団十郎で、それを結晶させたのは江戸庶民の熱狂であった。

初代市川団十郎の父親は、菰《こも》の重蔵と呼ばれた侠客仲間で、その侠友唐犬《とうけん》十右衛門は彼に海老蔵《えびぞう》と命名した名付親だと伝えられている。このことは、彼の出自が、江戸初期以来のかぶきものの系譜をひく男だての遊侠であったことを物語るものであり、江戸という都市における男だての特殊な役割を舞台芸術として典型化することに役立ったと思われる。こういう出自と、関東の地方色と、江戸の大都市化との三要素が、このような独自の荒事として結晶したのであろうが、おそらく彼が舞台上において殺されたという横死事件も、結局は彼が負っていた男だての世界に起因するものといえないであろうか。

このように、初代団十郎が創演した五郎劇の荒事は、江戸における初期以来の庶民抵抗物語で、いわば江戸の民話劇とでもいうべきものであった。こういう舞台のいわば虚像が、江戸町人の実像として登場するようになると、それは、遠い古代あるいは中世以来の五郎すなわち御霊ではなく、この世における、江戸町人の抵抗像そのものの表象であるということになろう。このような具体的実像の表象と考えられる江戸ッ子町人五郎が、その後の江戸劇壇で最も重要な位置を占めることになったのが「助六」劇であったといえよう。

助六と曾我五郎

この助六劇の成立完成は二代目団十郎によってなされた。彼は正徳三年（一七一三）・享保元年（一七一六）・寛延二年（一七四九）と生涯に三度助六を演じた。このうちはじめの二度はわずか三年の隔りがあるだけで、その上演内容も初代の創始した民話劇的荒事としての助六であった、と考えられるが、第三回目の助六は全く面目を一新したものであった。これは河竹繁俊氏のいうように、ほぼ今日の助六劇の古典として確立されたものである（河竹繁俊『日本演劇全史』）。

この二代目団十郎の第三回目の寛延上演助六については、すでに諸書（烏亭焉馬『歌舞伎年代記』。小宮豊隆『伝統芸術研究』の「助六の絵を見て」。伊原青々園『団十郎の芝居』の「助六考」「続助六考」。西山松之助『市川団十郎』の二代目団十郎、二「助六」三度の上演。などに詳説されている）に詳しく論じられており、拙著『市川団十郎』でも論じたので、詳細は省略するが、この時の助六が本稿にとって重要なことは、第一にはこの三度目上演の助六で、二代目団十郎が扮したその舞台姿は、当時の江戸町人の最もいきな伊達姿《だてすがた》をモデルにしたものであったといわれていること、ならびに、そのときの二代目の舞台姿をそっくりそのままにうつした扮装で、蔵前の札差大口屋暁雨は吉原に繰りこんでいった。そのため暁雨は今助六と呼ばれた、とつたえられていることである。

第二の点はこのドラマの構成上の問題である。すなわちこの助六は実は曾我五郎ということになっていることである。助六は形のうえでは曾我五郎のやつし姿というわけである。この助六が札差のような江戸ッ子町人の代表として吉原の傾城塚を握り、男だての意気を吐いて敵役たる武家代表の意休を徹底的に罵倒し、弁舌さわやかに啖呵を切って悪態のかぎりをつくし、吉原遊女の絶大な人気を集め、刀詮義にかこつけて武士に股くぐりなどを強要する。そうして最後には意休をも殺してしまうのである。しかも河東節《かとうぶし》に乗って踊る花道の出場《でば》の所作をはじめ、啖呵や喧嘩場などの助六はすべて、いきな歌舞伎美の象徴であった。

助六は江戸ッ子の伊達姿

つまり札差のような江戸の大町人を典型化したこのような助六の主題は、町人の抵抗精神の典型化ということで、助六劇は始めから終りまでが、ドラマチックな喧嘩場の連続である。遊女と武家、町人と武家のこの対立競演は、いわばはげしい「はり」そのもので、その「はり」の勝利者が助六であり、その「はり」を見事な美に表現した助六や揚巻は「いき」な江戸ッ子の伊達姿でもあった。そうしてこの助六の時から、助六上演には、特に歌舞伎と吉原と魚河岸と蔵前とが緊密な関係で結ばれることになった。宝暦七年（一七五七）成、馬場文耕の『武野俗談《ぶやぞくだん》』の「大口屋八兵衛が伝」には、

今年歌舞伎狂言に、中村座にて市川三升が、あげまき助六といふ間夫《まぶ》有りといふ仕組にて、昔より柏莚家《はくえんけ》の狂言なり。扨《さて》今年、御蔵前よりも、助六の狂言と色々積物など致し、新吉原の総女郎より三升方へ蛇の目の傘に五《杏》葉牡丹と三升の紋付いたるを、山の如く数千本送りければ、御蔵前の者どもは、若紫の縮緬のほゝかぶり鉢巻を、何程といふ数も限らず三升方へ送りける。其品々毎日々々狂言の節鬮引《くじびき》にして見物へ出しけるこそ、さもぎやう〳〵しき事なり。（有朋堂文庫本、三六〇〜一頁）

とあり、また蜀山人大田南畝の『一話一言』にも、

市川流の芸にして江戸狂言随一の物なり……扨《さて》助六・揚巻を勤むる役者両人は、芝居懸りの者大勢にて、吉原の茶や、並遊女やを廻る事古きしなしと見えたり。此狂言の初日出ると、吉原ひゐき連中より蛇の目の傘数百進上物として送る。是を見物のかたえ鬮取に出す事とは成けり。（『新百家説林』五、六一七頁）

とあるように、助六劇は江戸町人と緊密な紐帯で結ばれることになった。それだけにこの芝居はいつも大入りの大変な人気を呼び、市川家にとっても、家芸中の最も代表的なレパートリーとなり、以後

団十郎襲名のための狂言ということにもなっていった。そうして、寛政改革で蔵前の札差商人たちが失脚したあとは、もっぱら吉原と魚河岸と助六との三者関係になるが、この三者の関係は、その後も永く続き、ごく最近までこの伝統はその残影をとどめていたほどであった。

すでに吉原には初期以来の名主庄司家が五丁名主にその座を譲り、吉原は揚屋《あげや》も太夫《たゆう》も消滅の危機に直面していた。これは大名などの豪遊者が消滅し、吉原そのものが江戸町人のものに変貌したことを物語っており、芝居においても、『芝居囃子日記《しばいはやしにっき》』が伝えるように、能楽《のうがく》の亜流的存在と見なされてきた歌舞伎囃子が、宝暦ごろから歌舞伎独自のチリカラ拍子、すなわち大鼓・小鼓の早間打合せによる独自の演奏法を創始したり、武士能楽士のアルバイト出演が消滅したことなどが物語るように、吉原も歌舞伎も、このころから、両者とも実質的に、これが江戸町人の占有に帰していったのである。そうして、そこに通人が出現し、大通が闊歩し、洒落本が大流行し、そして江戸ッ子が誕生したのである。このような江戸町人の個性的な展開は、江戸町人の社会的・経済的な実力の高まりであり、文化的な高揚であった。こういう総体的な高まりがあったからこそ、江戸歌舞伎は、初代団十郎以来の民話劇的荒事を、江戸町人の実像表象たる、いきな伊達姿としての助六にまで典型化しえたのである。

その江戸劇壇において、この見事な助六の典型化をなしとげた二代目市川団十郎は、江戸の飾海老とか、大江戸の花とたたえられ、『明和伎鑑』には役者の氏神という尊称をおくられている。団十郎の三代目は早世したが宝暦から明和・安永にかけて、四代目の団十郎が相ついで名優ぶりを発揮し、江戸劇壇における荒事元祖の伝統的家系として、ゆるぎない最高俳優の家格を確立した。寛政以降烏亭焉馬が続刊した五代目団十郎を記念した「市川白猿七部集《いちかわはくえんしちぶしゅう》」は、この人がどんなに広汎な江戸町人に熱狂的支持を得ていたかを如実に物語っている。

以上、私は「いき」と「はり」の抵抗精神の伝統について、もっぱら江戸荒事について、ひいては市川団十郎のことばかりを論じる結果となってしまったが、このことは、江戸町人にとって、侍たちと丸腰で、対等に「いき」と「はり」を競うことのできた晴れの場が、吉原と歌舞伎でしかなかったからにほかならない。それはまた、他国者との「はり」合いの場でもあった。吉原にしても芝居にしても、二つながら、封建時代には悪所と呼ばれた悪場所であった。そういうところで、江戸町人の力が典型化されざるをえなかったこと自体が、すでに健康ではなく、社会的にそれは畸型的現象というほかはないのである。しかもこの畸型的現象の典型は、通とか大通と呼ばれる特殊な江戸町人の人間像をも創出したのであって、それは密接に「江戸ッ子」と結びつくものでもある。そうしてさらに、このような畸型的で特殊な状況のなかで、いわゆる「いき」の美学は洗いあげられていったのである。

「通」とは何か

通については、すでに麻生磯次・中村幸彦・水野稔・鶉月洋・高尾一彦らの諸氏によって、ほぼ論じつくされてきたと思われるので、ここではこれら先学の諸説（麻生磯次「通・いき」『日本文学講座』七。中村幸彦「通と文学」『国語と文芸』創刊号。水野稔『黄表紙洒落本集』の洒落本解説〔『日本古典文学大系』五九〕。この「日本古典文学大系」五九の月報に収載の鶉月洋「洒落本と半可通」も参考になる。高尾一彦「歌麿の美人画大首物ノート」神戸大学文学会『研究』第三〇号。『現代のエスプリ』一四一号に西山松之助「『いき』の美意識と背景」、南博「『「いき」の構造』をめぐって」、田辺尚雄「粋の研究」。麻生磯次の前掲論文が載っている）などを要約して、まず通とは何かを規定しておきたい。

通という言葉は、天明八年（一七八八）刊の洒落本『一目土堤』によると、明和六—七年（一七七〇—一）ごろから、また、大通は安永六年（一七七七）から江戸にもっぱら流行した、とあるように、明和・安永ごろから江戸で流行するようになったものである。当時は、漢学流行時代で、『風俗通』『白虎通』『六書通』『制度通』あるいは『料理通』とか『稗史通』などが相ついで出版された。こういう時代の風潮に触発されて、通とか通人・大通などという漢学めいた言葉が流行するようになったのではないか、ということも考慮すべきであろう。そうして、この通と同じような意味で、寛文・延宝ごろから用いられてきた「通り者」という言葉は、通が一般化することによって、もっぱらその位置を通にゆずり、おのずから低俗な内容を意味するようになった。

通の文化領域

時代的にまた、先行語との関連において、このような位置をもつ通というのは、文化領域としては、遊里・劇場・料理・音楽など、誰でも参加したり演じたり鑑賞したりすることのできる、普遍的な関心を寄せられる世界に発生する。このように、万人に開かれ解放され、誰でも立入ることができる文化領域であるのだが、そういう文化領域がきわめて高度化して極端な瑣末主義に走り、また格式とか形式が煩雑化してそれが停滞するようなことになると、一つにははなはだ通行不可能な状態が生じる。そういう場合に、そこを自由に通れる人、それが通人である。

しかし、通人は玄人としてそれを職業としている人ではない。素人でディレッタントの余技で、それが趣味生活の域であること、つまり遊びの世界の人であること、したがってすべてが傍観的である。傍観的であるから勝手な振舞をしたりいったりする。それが大衆にうけて大きな人気をとることになる。素人の代表者だから本質的なことより凝り性で瑣末主義に走るきらいがあり、それゆえに強烈な自己主張の性格が伴う。しかし物の限度をよくわきまえ、物事に執着せず、その場その場に臨機応変の聰明な振舞をなし、いやみでなく、下卑ず、すこしも高慢ちきでなく、金遣いもさっぱりしている。もちろん片意地になったり脱線したりしない。人の悪口をいったり、見栄をかざったりすることもしない。相手の人情の機微をよくわきまえる、それが通人である。こういう通・通人は、吉原その他遊里に精進することを内容としていた。

通と野暮・半可通

遊里に精通しない者が、通のような顔をして、通ぶった振舞をすると、やたらにトンチンカンを演じることになる。そこに滑稽が生まれる。そういうのが野暮で半可通《はんかつう》である。

諸説を私なりに要約してみると、通とは右のようなことなのである。こういう通や半可通を盛んに書き、それが大流行を見たのが、江戸の洒落本と黄表紙であった。結局通とは、遊里の風俗・言語・生活態度などのすべてに通じ、それにかなう美的生活者であり、野暮とか半可通は、この反対、あるいは、そうありたいと願いながら、そうありえない者なのである。だからこの野暮と半可通は、通と対局的に存在している場合と、同類内部の相対的存在である場合とがある。山東京伝の『京伝予誌』(寛政二年)には、

唯通《ただ》と野夫《やぼ》との差別を知るを以て通と謂ひ、通と野夫との差別をしらざるを野夫といはんか。

とあって、両者が相対的存在であることを物語っている。通は半可通を軽蔑するが、より通な通からすれば、半可通を軽蔑したり、通がったりすることが半可通だということになる。つまり通は、遊里という特殊社会であったが、その社会で最も洗練された美的生活をするその生活理念を典型化したものであるといえよう。そうしてこの「通」も「江戸ッ子」と同じように、明和・安永ごろから江戸に出現し、「江戸ッ子」が洒落本や黄表紙の世界に多く顕在化してきたのと揆を一つにして、もっぱらこの世界に出現してきたのであるが、「江戸ッ子」が京伝によって、天明期に典型化されたように、通もまた天明期に京伝によってその典型化が完成に達したと考えられるのである。

高尾一彦氏はこのような通と半可通の滑稽とについて、滑稽は市民的オプティミズムによって成立し、通は封建倫理と衝突しかねない性格をはらみながら、「江戸の市民は小利口であったから、そこまで通を押しひろげていない。この押しひろげてゆかない遊びの生活意識こそ……非現実打開的な悲観的な生活意識であり、市民的なペシミズムの要請が、通の成立の一つの側面であった。きわめて卑俗な特殊日本的意識である」と規定し、ただ山東京伝だけが、通を遊びの場からある程度前進させて、

市民倫理の胎動を見せた。そのため封建倫理と衝突せざるをえなかった、と論じている。江戸の市民が小利口であったから、封建倫理と衝突するようなところへ発展しなくて、卑俗なペシミストになったということは、果たしてそうであろうか。どうして京伝だけがある程度評価されるようなさめた意識をもっていて、他はきわめて卑俗なペシミストばかりであったのであろうか。江戸の市民だけがどうしてそんなに小利口者ばかりであったのであろうか。このことの説明がないのでそれが果たして事実であるのか否かを判断することができないが、私はこの説に賛成しかねる。

通の積極性

江戸の市民といえども、やはり真面目《まじめ》に生きていたのである。真面目に生きてきたからこそ、金もたまり、力も満ちてきて、町人たち自身の生活を、自分のものとして積極的に展開させようとしたのである。しかし、彼らに許された自由は遊里とか芝居とか、茶・花・香・音曲・祭礼・寺参り・旅など、遊芸・娯楽などの世界以外にはなかった。

現代人から見れば、あわれに悲しい存在にしか見えないであろうが、当時としては精一ぱい積極的に生きた江戸町人の生活態度であり、それが、通とか半可通・大通などの人間像として典型化されたものなのだと思う。傍観的であったり、遊びであったり、瑣末主義であったりするのだが、しかし、凝り性で自己主張的で、ある意味では理想主義的な面をも備えているので、そういう通の精神は、やがて京伝の書いたような通に典型化されていったものなので、京伝だけが例外として評価される性格のものではなかったと思う。京伝の精神は、彼の先行時代の精神と懸隔があるのではなくて、むしろ彼の刑罰を受けた時代以後の通の精神との対比のほうが断絶的なのではなかろうか。

遊びの極致

また、傍観的とか瑣末主義はともかくとして、遊びとか趣味ということが、低次元のきわめて卑俗なことのように評価されるが、通なる遊び、すなわち遊びの極致はやはり芸道などでいうきわめて高度なものであり、ことに「いき」「はり」の権化でもあった吉原の遊女と、本当に遊べる通人は、高い教養と修練を積み、磨かれた知性を備え、遊芸の道にもたけた者でなければ、とうてい不可能なことであった。

通はそういう遊びの極致に至らなければ、それは半可通にしかすぎなかった。だから、その到達点は、当然京伝がいうような、遊女の真実をつかむことであった。つまり、遊女とはいえ、単なるなぐさみものではなく、立派な一個の人格としての人間であり、そういう人間の真実をつかむことであった。廓《くるわ》というメカニズムが、それをなかなかつかめないようにしてしまったのだが、その煩雑で古典化し形式化したメカニズムのなかで、その真実をつかむことができたのが通な人なのであった。

だから、こういう通人が、明和・安永のはじめから出現したのではなく、やはり、時代の推移にともなって発展し深化されて、天明期を迎えると通人も成長し、京伝のように、彼自身、その実践者として、先の妻も、その妻の没後に迎えた後の妻も、二人ともかつて吉原の遊女であったように、まさしく市民的倫理に立脚したものになっていった。だから通は、終局的には、「江戸ッ子」が終局的に典型化されたときの一つの条件として、本町の角屋敷を投げ打っても、吉原の遊女に真情を捧げる、という決意と心意気を示したように、同様に人間の存在をかけた生活態度をとるようになったのである。

そういう生活態度は、江戸町人の「はり」を通してきた永い伝統が、吉原とか深川・中洲などを舞台として具体的に展開し、顕在化したものである。そうなると、封建的なメカニズムとの対立衝突はさけられないことになるのは当然で、幕府側から見れば、それは危険思想であった。

こういう危険思想の推進者は、「江戸ッ子」の主体的基盤になった根生いの江戸町人たちであり、具体的には札差や日本橋魚河岸の大商人とか、銀座で煙草店を営んでいた当代第一級の作家山東京伝などのような人たちであった。こういうわけで、「通人」と「江戸ッ子」はきわめて密着したものであったということができる。だから、寛政の弾圧によって、通人もまた、「江戸ッ子」と同様に、大きく変質することを余儀なくされたのである。

「通」と「いき」

さて右のごとく、通は表面的な形の上とか、うわべ扮飾などではなくて、精神的なものであり、きわめてきびしいもので、それは多分に心いきというようなものであって、それはとりもなおさず「いき」の一つの表象形態でもあったといえよう。麻生磯次はその論稿「通・いき」(『日本文学講座』七)のなかでこの「いき」と「通」との関係を次のように規定している。

「いき」であるためには「通」でなければならず、「当世風」でなければならず、「雅味」がなければならないのである。「通」と「いき」とは表裏の関係、或は水波の関係にあるといえるであろう。

とのべている。

文学者は文学的に理解するので、こういう把握の仕方でもわかるのかもしれない。しかし、表と裏といっても、水と波といっても、これは仏教論理の体相用論のようなもので、果たしてしからば、どちらが表でどちらが裏なのか、どちらが水でどちらが波なのか、これはうまい説明のようだが、私にはよくわからない。

「通」と「いき」とは、たしかに密接な関係にあることは麻生説の通りだが、もう少し明確にその性格を見極めてみると、私は「通」は行動原理であり、「いき」は美意識であると思う。

通人は通な行動をする人である。通な行動をすると、その行動が「いき」であることがある。それは美意識として美しいのである。行動の行じ方というところに、通であるか半可通であるかの別が生じる。野暮も同様である。「いき」はそれに対し、よしそれが行動であっても主として美意識によって判定されるものである。このことは、通や「いき」が、歴史的展開のなかで、どのように形成されたかを考察するといっそう明確となるが、それは、「いき」の概念をのべた後に論じたい。

いきの条件

さてこのような「いき」の内容や構造・表象形式などについては、これを精細に分析した九鬼周造の名著『いきの構造』があり、文学史的に「いき」を規定し位置づけた労作として前述の麻生磯次の「通・いき」がある。両者ともすぐれた研究で、「いき」についての概念やその内容は、今の私には、それらにつけ加えるものは持合せてはいない。しかし、「江戸ッ子」考察上重要な意味をもっているので、ここでは右の二つのすぐれた論稿を参考にして、「いき」の要点を箇条的に整理してみよう。

㈠「いき」という言葉には、「大通《いき》」「意気《いき》」「好風《いき》」「当世《いき》」「好雅《いき》」「好意《いき》」というような漢字があてられ、これらの漢字がもっているような複雑な意味内容をもっている。

㈡元禄の『松の葉』や『冥途《めいど》の飛脚』（正徳元年）などに見える「いき」は「意気衝天」などの「意気」とほぼ同義。

㈢中期になると、「いきはり」をもち、きざでなく、婀娜《あだ》な媚態《びたい》をたたえ、淡白で垢ぬけのした洗練された美意識、つまり「はり」と「媚態」と「垢ぬけ」の三条件が「いき」を象徴するようになる。

㈣「はり」は妥協しない冷たい直線的な俠骨精神で、武家の都であった江戸の吉原遊女にはこのような風格が後世まであって、「いき」は吉原の生命として尊重された。

㈤媚態は色気であるが、婀娜な色気でなければならない。とりすました上品さとか、また端正であってはならぬ。浮気で婀娜めいていながら、下卑たり蓮葉《はすは》であってはならないのである。

㈥垢ぬけしたというのは、気どらない、人生の表裏に精通し、執着をはなれた淡白な境地で、薄化粧か素顔で、重苦しくなく崩れていながら軽妙な美しさ。ごってりした花模様でなく縞模様を「いき」とし、色もいぶしのかかった白茶色。

こういう条件に集約できるであろう。そうして、為永春水の人情本『春色辰巳園《しゅんしょくたつみのその》』の芸者米八などは「いき」な女性の好例だとしている。九鬼にしても麻生にしても、「いき」を分析する方法が、化政期中心になされているので、「江戸ッ子」や通人が男性世界の現象であったのに対し、「いき」が多く女性世界、それも遊里の女性によって体現された特殊な美意識ないしは美的行動であったようにとらえているといえよう。

男の通・女のいき

すでにのべたように、「いき」も「通」も早くから存在したし、それは女性世界だけのものではなかった。助六などは、まさに「いき」そのものであったといえよう。通人や大通たちが磨きあげた「いき」は、瀟洒で繊細で、ひかえめで、垢ぬけしたもので、それは都市的に洗練された美意識にほかならなかった。

このように見てくると、「いき」はけっして女性の世界にだけ展開したものではなかった。ただ、「通」とか「江戸ッ子」が男の理想像として典型化されていったのに対応して、「いき」はそういう男たちに対応するあり方で女性世界により多く展開することになったのであろう。そういう意味では、「通」であり「江戸ッ子」であった男性たちの対応像として「いき」は主として女性によって磨き上げられることになった。

つまり、男たちの間に鮮明な行動原理を形成して「通」とか「江戸ッ子」といわれる独特な江戸町人たちが、寛政改革で大きな断絶を余儀なくされていったのに対し、「いき」を創出するような女性文化社会としての吉原や高級料亭は、化政期を迎えて大発展をとげ、吉原では、天明期に大体二五〇〇人ほどの遊女であったのが、化政期には四、五〇〇〇人ほどに定着し、天保改革後は七〇〇〇人にもなったときがあるほどであった。

また、市内の料亭にホステスとして働く女芸者は化政期に激増した。このような「いき」を磨く女性が、寛政以降に激増したことに、「いき」が主として女性の世界に展開してゆく歴史的事情があったといえよう。

辰巳芸者のいき

しかも、洲崎や中洲・深川・柳橋など、江戸の辰巳方向に当たる地帯の料亭に居た、いわゆる辰巳《たつみ》芸者《げいしゃ》たちは、吉原の遊女と違って、不特定多数の男たちに売春をしない、可能性の限界内での媚態というサービスの性格によって、そこに男性遊客との間に異状な緊張関係が盛り上り、それが千態万様の花と咲き乱れた。この花の美は、実を結ばないあだ花の美で、そこに「いき」の美意識は大きな発展をとげることになった。辰巳芸者が「いき」の代表選手のようになったのは、かくのごとき次第である。

いっぽう吉原は、このような女芸者に対抗しなければならないということのほかに、五〇〇〇人も六〇〇〇人もの遊女を抱え込むことになったので、遊女たちも、いっそう媚態の新工夫をこらし、垢ぬけした美の新手法を創出することに苦心した。このための情熱は驚くべきもので、吉原においても「いき」のすぐれて美しい新しい美意識が開発されて大発展をとげることになった。

これを一括してみるならば、あらゆる行動が統制されていた頭打ちの限界社会のなかで、その限界の息苦しさを超克するために、人々はいろいろな遊びの世界に殺到した。そういう遊びの一つの世界が料亭や吉原で、そこで男たちは、限界的行動としての「通」を典型化し、ホステス女性たちは、まことに魅力的な「いき」の美意識を洗いあげたのである。

そうして、こういう「通」の行動の法則性や「いき」の美の美意識は、遊びの極致としての美や行動のルールでもありえたから、それはたちまち広く全国的な文化的関心を呼び、いつしか国民的な共有文化にまでなったのだと考えられる。

「やつし」の論理

見立て変身　「いき」や「はり」が積極的な顕在的な抵抗姿勢を示した面をもつのに対し、消極的な抵抗姿勢として、「やつし」という特殊な生活態度が発達した。その最盛期はやはり宝暦—天明期であったと考えられるのである。

すでにのべたように、助六は実は曾我五郎であるとか、矢の根五郎、実は西大寺愛染明王などはそれであり、また錦絵の創始者ですぐれた浮世絵を多数描いた鈴木春信のやつし絵・見立絵なども同様のものであった。たとえば「風流やつし七小町」「見立玄宗楊貴妃」その他、春信はこの種の絵を多数描いている。

俳諧をたしなむ町人が俳名を用いることによって俳人となり、またその人が同じように義太夫節の門人となって義太夫を語り楽しむときには吟太夫とか、藤太夫などと、義太夫節の世界の人らしい名になった。俳名のことはいうまでもないと思うが、義太夫節のことなどは、たとえば宝暦五年（一七五五）の江戸鱗形屋《うろこがたや》孫兵衛板『豊曲不二谺《ほうきょくふじのこだま》』には、このような江戸町人の素人太夫たちが約一〇〇名記載されており、太夫でない者も、東波・旭波・照波・玉波・春波・秋波・豊波・吟波・勢波とか、和扇・扇志・扇歌、あるいは、松花・松峯・松翠・松七・松暁・松市・豊松・黒松その他すべて、世俗名でない芸名が、太夫名をふくめて二一七名も連記されている（演劇研究会編『未刊浄瑠璃芸論集』）。

芸名・名取

こういう芸名を与えられることを名取《なとり》というのだが、名取の起源や展開、名取式・名取制度などについては拙著『家元の研究』で詳しく論じたから省略するが、こういう芸名の名取がきわめて隆盛になったのが、宝暦―天明期であったことは注目すべきことである。そのことをよく物語っているのは、各芸能諸領域における門人帳で、右の『豊曲不二谺』のごときもその一種である。こういう門人帳が、このころからのものが多数伝存しており、また一枚摺りで刊行されたりするようになった。

こういう芸道各流の広汎な名取の流行は、庶民の入門を禁じていた虚無僧《こむそう》の普化尺八《ふけしやくはち》にも波及し、江戸の普化尺八吹合所が栄え、町人たちが盛んに入門して、いわゆる竹名を与えられ、普化尺八の名取が多数創出されることになった。このような慣行違反行為が続出するに至ったため、幕府は庶民への竹名授与を禁止する御触書《おふれがき》を発した。しかし虚無僧本寺であった一月寺と鈴法寺は共同でこれを猛反撃し、町人竹名のことは、俳名と同じく社会的要請として展開した流行現象であると、これを押し通し、御触書の反古化に成功した（『家元の研究』）。

封建重圧の零化哲学

このように、宝暦—天明期は、やつし・見立・芸名・名取など、要するに世俗の実在人間としての名ではない、別世界の人としての名が流行し、そういう現象は町人だけでなく、武士たちの間にも盛行した。それゆえ、一人の人物で多くの名を持っている者がたくさんあらわれた。秋田藩士であった文人平沢平格常富のごときは、おそらく最も多くの名を持っていた代表的な人物ではないかと思う。平格も平角とか後には平荷と書き、洒落本作家名としては金々先生・金錦佐恵流・金錦先生・朋誠堂喜三二などを称し、また気三次・亀山人・齢山人ともいい、狂歌名では手柄岡持《てがらのおかもち》といったし、また、ほかに月成・韓長老・天寿・道蛇楼麻阿《どうだろうまあ》などの別号をもっていた。

こういう世俗と別の名を持つことは、世俗とは別の世界に転生するための変身の手段であり、このことによって現実の封建的な人間存在の重圧を無重力化して、自由な別世界に転生し、そこで自己解放をとげることができた。現実を遮断し、世俗の身分や階級の差別を消し、ユートピアを現成したのである。

天明期に典型化された「江戸ッ子」は「いき」や「はり」の最も高揚された江戸的表象の象徴であったと同時に、こういう消極的な抵抗精神による生活態度においてもまた、その最も盛んな時代を画しているのである。そうして、そのような「江戸ッ子」のなかには、平沢平格のような、武士身分を消し、通人として転生変身した金々先生朋誠堂喜三二や、大田覃《たん》という幕臣の身分を消して市井の文人・狂歌師として活躍した四方赤良《よものあから》すなわち山手馬鹿人《やまてのばかひと》などがいた。駿河藩士恋川春町・高崎藩士蓬莱山人帰橋《ほうらいさんじんききよう》なども、同様に市井人化した転生・変身の「江戸ッ子」的人間であった。彼らは息苦しい世俗の封建的束縛から、自由への逃亡を敢行した人たちであった。彼らは武家であって「江戸ッ子」そのものではなかったが、その武家から転生した「江戸ッ子」的人間であり、「江戸ッ子」形成にもなみなみならぬ役割を果たした。

地上ユートピア

このような「やつし」による変身「江戸ッ子」の別世界には、上下の身分を解消した自由な遊びの境が展開されていて、江戸全期を通じて見ても、それは独自の文人社会であり、遊びの社会であり、連衆《れんじゆう》たちの自由世界であった。俳諧・狂歌・茶・花・香・盆石《ぼんせき》・義太夫・河東《かとう》・一中《いつちゆう》・宮薗《みやぞの》・荻江《おぎえ》・常磐津《ときわず》・富本《とみもと》・長唄《ながうた》・箏曲《そうきよく》・尺八・謡曲・囲碁・将棋など、きわめて広汎な遊芸諸ジャンルに、芸名の名取制が流行し、莫大な町人遊芸人が、それぞれの領域で、遊芸別世界、一種のユートピアを現成し、傍観者ではない、みずからのあそびに興じ楽しんでいたのである。現代はこういう遊芸世界がすべて女性の職業的世界に変貌してしまったので、江戸の昔の実体を想像しにくいが、当時はほとんどすべて、これらの文化人口は男性であった。寺や神社の宗教的世界ではない地上のユートピアを、庶民たちは創出した。古代以来、貴族や武家僧侶たち少数の上層階層のものであったこの地上ユートピアを、町人たちは広汎な領域に展開したのである。これは江戸町人にかぎったことではなかったが、「江戸ッ子」たちの間には、それがきわめて顕著に展開されたのであった。

優越感の湧出源

花のお江戸

「江戸ッ子」の気質のなかには、前述のように、金の鯱をにらんで、水道の水をうぶ湯につかったという将軍おひざもとの生まれだということ、生粋の江戸生えぬきだということ、乳母日傘の高級な育ちだということなど、他国者である田舎者とはちがった優越感がある。こういう優越感はもちろん江戸初期からあった気質ではなく、「江戸ッ子」が成立してくるのと並行して、おそらく十八世紀後半期に形成されていったものであった。つまり、江戸という大都市

優越感の出現

のなかにおいて、いかにも江戸らしい土着性を発散するような町人の存在がはっきりしてきたところで成立したものなのである。

と同時にまた、このような武都としての江戸の土着性の進展による江戸町人の個性化は、従来しばしば文化東漸という呼び方で理解されてきたような、上方との対比現象、ならびに、他国者の江戸流入による泥臭い田舎者との対比現象によって、いっそう鮮明の度を高めることになった。こういうかたちで江戸のものが江戸らしく個性化していったものを考察してみると、そこにまた、おのずから江戸根生いの町人たちが、優越感をもつに至る誇らしげな心情の基盤になったものが、さまざまな姿で展開されるようになったのを見ることができるであろう。そういう意味で、まず目につくのが、江戸紫とか江戸染、浮世絵のことをそう呼んだ江戸絵、江戸前、江戸訛《なまり》すなわち江戸言葉、天下祭りなどである。これらの言葉やその実体の出現は、もっと早い、江戸初期元禄以前ごろから見られたものもあることは後述するごとくだが、こういうものが、江戸らしい個性を豊かに発散するようになったのは、やはり宝暦—天明期ごろのことであった。大江戸とか、花のお江戸・江都・花の江都・花の大江戸などの呼び名にも、大都市江戸の住民たちの優越感がただよっている。以下順を追ってそれぞれの問題点を集約的に略述していくことにしたい。

江戸紫・江戸染

加賀染や江戸染すゝぐ橋の下　（寛永十九年〔一六四二〕刊、『鷹筑波集《たかつくばしゅう》』巻三）
江戸紫を藤の夕映え　（延宝六年〔一六七八〕刊、『俳諧江戸両吟』）

江戸染一ツたんあたい千金也　（安永七年〔一七七八〕刊、『柳多留』一三篇三九）
江戸紫の鉢巻に髪はなまじめ、はけ先の間から覗ひて見ろ……　（『助六所縁江戸《すけろくゆかりのえど》桜《ざくら》』）
江戸紫の下染めは桔梗なり
江戸紫の織留は綾瀬なり

このほかにも、天明元年（一七八一）に『振袖江戸紫』が三冊刊行されて書名になっており、文化八年（一八一一）七代目団十郎の助六初演を記念した烏亭焉馬の撰になる『江戸《えど》紫《むらさき》贔屓《ひいき》鉢巻《はちまき》』などが刊行されていて、江戸紫は助六の象徴のようになっている。江戸染はおそらく江戸紫をさしたものであろうといわれるが、江戸紫に京鹿子と称されたように、この紫染は江戸を代表するお国自慢の特産であった。武蔵野産の紫草の宿根を染料とした江戸紫は、すでに延宝ごろからその名が見えているが、それが助六の象徴のようになったのは、いつのころからのことなのか明らかにされてはいない。

今のところ私はこれを次のように考えたい。右の助六の啖呵のせりふに見える「江戸紫の鉢巻も」というこの鉢巻は、寛延二年（一七四九）の二代目団十郎三度目上演のとき、「紫縮緬《むらさきちりめん》の鉢巻を左に結び」という扮装が決まるようだが、宝暦十一年（一七六一）の正月に市村座で「江戸紫根元曾我」という曾我狂言が演じられ、それに引きつづいて三月三日から同座で「助六所縁江戸桜」が上演され、この時から助六は河東節によることが定式化した。だから、「根元曾我」が江戸紫として正月狂言を飾ることになったこの年、同じように引きつづいて春狂言を江戸紫の助六が河東節で上演される定式が成立した宝暦十一年という時点で、江戸紫が助六を象徴するようになったのではなかろうか。このようにして、江戸自慢の江戸紫は、「江戸ッ子」の象徴でもあった助六を象徴することになったのであろうと思う。

江戸絵

桂川甫周《ほしゅう》の弟で、平賀源内の門人となった森島中良《もりしまちゅうりょう》は、源内没後二世風来山人、森羅《しんら》万象《ばんしょう》と号し、万象亭と称した。また源平藤橘《げんぺいとうきつ》とも号して洒落本や黄表紙を書いたが、彼の若年時代の見聞を記した『反古《ほうぐ》籠《かご》』によると、「江戸絵」という一項目をたて、「享保の比の江戸絵と称するもの……」と書はじめ、浮世絵の変遷発展の模様を簡明に記している。そのなかで、鈴木春信が看板に東《あずま》錦絵と書いたこと、絵の包紙である「たとう」に吾嬬《あずま》錦絵と書いたこと、大・中・小の絵をそれぞれ大錦・間錦・孫錦などと呼んだことなどを記しているが、そういう錦絵全体を、江戸絵として括っている。江戸絵は春信以後江戸錦絵として、明和・安永から天明期に、その黄金時代を現出した。

ちょうどその安永九年（一七八〇）に、市場通笑作、鳥居清長画の黄表紙『憎口《にくまれぐち》返答返し』が刊行され、問答形式で、役者・遊女・花見・衣装・神仏・力士・器具・祭礼・いけ花などを、さんざん悪罵しこきおろしたあげく、次のように記して結びとしている。

> 昔も今もよい事はよし悪い物は悪し……古より故郷は錦と云へども、今の紙煙草入を土産にしたやうにはいかず、昔に勝りし物は、今の錦絵とご評判、律義一遍で、重き趣向の草雙紙も、画師

がよいから面白い。江戸絵はきつい物、浮世絵は今がよい、絵でばかりおなぐさみに御覧遊ばされべく候以上。

右の「きつい」というのは、この場合は、えらい、とか、すばらしいの意で、清長のころすでに、江戸土産の江戸絵だけは、大評判とほめあげている。この文章には、この黄表紙の自己宣伝の意も感じられるが、こういう江戸自慢は当然成立していたと考えられる。それは、この黄表紙刊行の前年である安永八年に、それが誰なのかよくわからない作者可吝の作になる洒落本『大通法語』が刊行され、それにも、

たとはゞ京が京の誉《みそ》をあげ、大坂が大坂の誉《みそ》をあげて、今遊山所も食類も衣類も諸芸も、咲揃ひたる花の御江戸に及ばんや。まづまけおしみのきつぽんといふ事をしるべし。

とあって、江戸自慢をとくとくと露骨にのべたてていることでも、そのことがよくわかる。『増補浮世絵類考』には、他国の者が江戸から帰郷するときには、東都第一の名産として「江戸絵と云て必ず是を求る事とせり」とあるように、浮世絵は江戸絵と呼ばれて、参勤交代の全国大名やその家臣をはじめ、江戸からの帰国者が、まず第一にもとめた江戸土産になっており、

江戸土産車長持などへ張り
綿絵は故郷へかざる江戸土産

という有様で、持運びにも軽くて便利であったからであろうが、すぐれた名作が多数板行され値段が

安かったことによるのであろう。しかもこの江戸絵は、江戸独自の名品特産で、自慢の江戸名物になっていたのである。

江戸前

江戸自慢の一つに江戸前がある。これもまた「江戸ッ子」が誕生し成長したころに、大きく特色ある江戸の存在になっていったと考えられる。前田金五郎氏の説によると、すでに早く、

江戸前の味は初めて釣り鯰《なまず》（享保十八年〈一七三三〉刊、雑俳『雨の落葉』）

にこの言葉は見えているので、享保末ごろから江戸前という言葉が、江戸前の海でとれた美味な魚の産地名としてだけではなく、特に名物意識がこめられたものになりはじめてきたことを思わせるという。この雑俳から二年目、享保二十年（一七三五）刊、菊岡沾涼《きくおかせんりよう》の著『続江戸砂子』に、

江戸前鰺《あじ》、中ぶくらと云、随一の名産也。惣じて鯛・平目にかぎらず、江戸前にて漁るを前の魚と称して諸魚共に佳品なり。

とあって、江戸前産の魚を名産としているのであるが、江戸前の海というのはどのあたりであろうか。それについては、文政二年（一八一九）の肴役所へ答申した魚河岸魚問屋の答書の一部に記してある江戸前の位置規定が、最も正確な記録ではないかと思う。

江戸前と唱へ候場所は、西の方武州品川洲崎一番の棒杭と申場所、羽根田海より江戸前海へ入口に御座候。東の方武州深川洲崎松棒杭と申場所、下総海より江戸へ入口に御座候。右壱番棒杭と

松棒杭を見切に致し、夫より内を江戸前海と古来より唱へ来り候。(「東京市史」外篇六『日本橋』)

今はそのあとかたもないほどになってしまったが、品川洲崎の一番杭と深川洲崎の松棒杭とを見通した陸側の海で、佃島などは勿論その中に入っていたが、江戸の町のすぐ前面の海というわけである。宝暦四年(一七五四)の『俳諧《はいかいむ》武玉川《たまがわ》』七編に見える、

江戸前売の江戸といふ面

なども、特定の魚を意味していない。ところが、鯵と鰻は特に江戸前鯵・江戸前鰻として名物視された。鰻などは浅草や深川の淡水産であったが、安永ごろになると、これが急に有名になり、たとえば朋誠堂喜三二作、安永六年の黄表紙『親敵《おやのかたき》討也腹鼓《うてやはらつづみ》』には、異変のため鰻が入荷せず、店が立ちゆかなくなってこまっているところへ、多くの鵜が鰻をとって飛来し、この店のために吐き出してくれた。そのため店が栄えるようになったことを、

うのはき出せしうなぎ、かくべつのふうみなりければ、そのゝちへどまへ大かばやきとかんばんを出しけれども、むさきやうにきこへければ、又江戸まへとあらため、日ましにはんぢやうしけり。

と記し、恋川春町の楽しい絵が載っている(東京都立中央図書館、加賀文庫にあり、森銑三氏のご教示による)。

また、寛政六年(一七九四)刊、山東京伝作黄表紙『忠臣蔵即席料理』(国立国会図書館)も天川屋が江戸前大かば焼の店を開いている図が載っている。このように江戸前鰻は江戸前名物の第一として賞

味されたようで、川柳にも、

江戸前の相手に鯰売つた奴

江戸前の皿に小串の散松葉

江戸前の風を団扇で叩き出し

江戸前の息子はぬらりくらりする

など、江戸前鰻を詠んだものがいくつもある。天明三年（一七八三）刊、奈蒔野馬乎人《なまけのばかひと》作の黄表紙『啌《うそ》多鴈取帳《しつかりがんとりちよう》』には、「銀杏や、ますやは江戸前の根元」とか、その翌天明四年の『やない筥』二に、

江戸前の娘で股が裂けてゐる　　五扇

などとあるように、江戸前もまた、「江戸ッ子」にとっての江戸自慢の一つであった。

江戸言葉

江戸訛というのが文献に見え初めるのは、延宝ということであり、江戸言葉は貞享ごろだそうである（前田金五郎氏の説によると、江戸訛は「童子月の色を悟れる江戸訛」（『俳諧見花数奇』延宝七年刊）、江戸言葉は「水道飲みなれて、江戸言葉聞きならひ」（『色里三所世帯』下の三、貞享五年刊）が初見だという）。このころから、江戸と上方の都市的個性が明確になり、また各地との間にも、江戸の個性が顕在化してきたので、江戸の特有な個性的言葉、訛がでてきたのであろう。

すでに上方では元禄に上方の言葉による小説や劇文学を盛んに創作していたが、江戸では、江戸言葉の歌舞伎は早くから成立していたが、文学は上方産の八文字屋本などに圧倒されて、江戸のものは

なかなか育たなかった。このことは、江戸に江戸町人らしい江戸町人が長く育たなかったことを物語っているといえよう。逆にまた、江戸に江戸言葉の文学や演劇・話芸などが盛行するようになった時点が、江戸町人の成立期だとも考えられる。こういう点から、私はここに江戸言葉を取上げたのである。

野田寿雄氏の『近世小説史論考』によれば、江戸町人の生活を江戸の現代語で書いた小説の代表的第一作は、静観坊好阿の『当世下手談義《いまやうへただんぎ》』(宝暦二年〔一七五二〕刊)である。この書は当時の江戸の市井に流行したり、大きな話題になったりしていた、歌舞伎界のこと、町人の暮し向きのぜいたく化、金もうけ主義の開帳、男だての助六まがい、浮説流言の大ばやり、豊後節などの社会現象を鋭く観察した評論である。評論視角は教訓的で、儒教的封建倫理に立脚しているが、江戸町人たちは、身近な事件を自分の言葉で書いてくれた小説として、おそろしい評判を巻き起し、以後これにならった類書が雨後の筍のように多数続出したという。

平賀源内の『根無草《ねなしぐさ》』も、この本の影響をうけたといわれているが、それが流行したのは、江戸の社会諷刺や江戸市井の現象を鋭く評論したところにあったと私は思う。そうして、彼は明和七年(一七七〇)福内鬼外《ふくうちきがい》のペンネームで『神霊矢口渡《しんれいやぐちのわたし》』を書き外記座でこれを上演した。これも当時の新名所になった江戸矢口神社を当てこんだ脚色であり、江戸言葉の人形浄瑠璃として画期的なものであった。

また宝暦以降流行した洒落本や黄表紙は、いずれも当時の江戸町人たちの現代語会話体で記されたものであり、桜川慈悲成のような落語など、江戸の話芸もすべて市井の江戸言葉で演じられた。そういう点では、歌舞伎十八番の江戸荒事とか、二の替り（正月興行）の曾我狂言など、歌舞伎では早くから江戸言葉の演劇を演じてきたのであるが、そういう江戸言葉による文化創造が、歌舞伎だけではなくて、きわめて広汎に展開された。川柳に代表される万句合のごときもすべてそうで、これなど、柄井川柳の川柳評に集まる万句合の投句者だけとっても、多いときには、たとえば安永八年（一七七九）十月二十五日開きの川柳評は、一〇日間に二万五〇二四句も集まっているのである。万句合は川柳評だけではなく、宝暦七年（一七五七）に川柳が評を始めたころから川柳評全盛時代の安永・天明期にも、江戸には飛沈斎白亀・百花堂露丸・桃人・黛山・机鳥・風丈・泰月・苔翁・金桂・東馬・万竜・雲竜その他たえず十数名の万句合評点者がいて、川柳評と同じように一〇日ごとに締切り、毎年約半年間盛んな活躍をしていた。したがって、当時の江戸における万句合のための創作句は莫大なものであった。

ところで、このような江戸言葉による江戸の文化創造がきわめて活発になったことは、一つには、静観坊にしても平賀源内にしても、上方とか四国など、他国者が江戸に入込み、江戸の実体を客体として把握することができたということも注意を要するであろう。また下級武士や浪人の活動も無視しえないであろう。いずれにしてもこのようにして、江戸独自の江戸言葉がこのころに確立してきあがって、そういう江戸言葉を話すのが、「江戸ッ子」たちであった。だから後世には、「江戸ッ子」という言葉が江戸言葉をさすようにすらなっていくのである。

天下祭り

『天下祭』（昭和十四年三月刊、東京市役所が、「東京市史」外篇四として発行したもので、巻末に、市史編纂嘱託安藤直方稿とある。山王祭り・神田祭り・深川八幡の祭り・天王祭りなどが詳しく記述されている）という本には、天下祭りは御用祭りとも呼んだ。それは幕府が氏子に命じて盛大に執行させたからで、天下晴れての免許を得た祭りであることはいうまでもない。正徳年間に一度根津祭りがこれに加わったがあとは、山王・神田両社の祭礼を天下祭りとか御用祭りと呼んで幕末まで府民はこれに全力を捧げた、と記している。しかし、いつごろから天下祭りと呼ぶようになったかについてはどこにも書いていない。

山王神社は三代将軍家光の産土神であり、将軍はその氏子であるということから、元和年中以来神行行列は江戸城内を通行した。神田明神も原位置は江戸城の大手門外であったところから、元禄元年（一六八八）以降、山王日枝神社に倣って祭礼神行は江戸城内を通行することになった。隔年に交替で行なう両社祭礼には、幕府の下賜金があり、城内では将軍の台覧があるなど、天下様の祭礼でもあったから、これを天下祭りと呼ぶようになったのは確かにその通りであろうと思う。

しかし、文献に見えるところでは、山王御祭礼とか、神田御祭礼とは記されるが、天下祭りとは書かれていない。こういう天下祭りという呼び名は、山王日枝神社にも、神田明神にも、それがいつごろから呼びなされるようになったかの社伝が明記されてはいないようである。後世に残る公的な文献には、おそらく山王日枝神社御祭礼といった記録だけが残り、町人たち、つまり氏子側でそう呼んだであろうと推察される天下祭りという呼び名は、公的な記録のうえには書き残されなかったのではなかろうか。

公的記録には、今までのところ見当たらないが、早くから江戸の市民たちが山王祭りと神田祭りを天下祭りと呼んでいたことはたしかで、たとえば、斎藤月岑の『江戸名所図会』の六月十五日山王祭りとある山王祭りの絵の左方上部に、

我等まで天下まつりや出車　其角《きかく》

と記していることにより、元禄期にはもう天下祭りと呼ばれていたことがわかる。宝井其角が元禄時代に茅場町に住んでいて、そのすぐ北隣が山王権現のお旅所であったということを、その遺稿集『類《るい》柑子《こうじ》』に記している。だから、其角は氏子として天下祭りに関心が深かったのであろう。

このように、天下祭りという祭礼は、元禄ごろから江戸の人たちが一般に呼びなしていたのであるが、天下祭りという呼び名は、もちろん天下様の江戸城内を巡行し、将軍とともに行じる祭礼ということで、天下様と俺たちとの祭礼ということで、こういう祭礼は天下広しといえども俺たちだけの祭礼だという優越感がただよっている。

氏子たちは、天下祭りを誇りとしたのである。こういう天下祭り意識は、右にのべたような、数々

の江戸自慢が高揚されるにともなって、しだいに高揚され、天下にひびく天下祭りになっていった。

金の鯱と水道の水

窓から江戸城の金の鯱《しやち》を眺めたり、水道の水をうぶ湯につかって成人するということが「江戸ッ子」の優越感たりうるための立地条件を考えてみると、やはり山王・神田両社の氏子地域の町人が主体になっていたことはいうまでもないが、こういう将軍家の城下町ということが、当時それほど優越感を意識しうることであったか否か、現代には不可解なことだといえよう。しかし、前記の天下祭りにしてもそうなのだが、そのような意識の実感は当時の人たちにとっては絶大なものであったらしい。そのことは、たとえば平賀源内のような高松藩士が、江戸に来た場合、まず江戸をどう感じたか、源内の第一印象などから、これをある程度察知することができる。天明八年(一七八八)に櫟斎老人《れきさいろうじん》が著した平賀源内の行状記『平賀実記』巻二の「源内江戸表へ赴く事」の書き出しには、次のように記されている。

豪壮な江戸城

夫《(それ)》より源内は道中をゆる〳〵と来りしが、程《(ほど)》なく品川の駅に着し、源内心に思ひけるは、実に京・大坂・江戸とて三ケの津と評判程有て、品川の様子美々敷有さま、芝口御門の厳重なる固め、夫より日本橋へ掛て、西の方を詠《(ながむ)》れば、御本丸・西の御丸並松の中に亭々たり。白壁は日に映じて偏《(ひとえ)》に花の散るかと疑れ、櫓々の峻嶒《(しゅんぞう)》たるは、大山の巌の如く、打続たる長廓、引連たる墻塀《(しょうへい)》の有さま、実に将軍家の御在城の勢、日本広しと雖も、斯る厳重なる、亦は人気の集りたる勝地あるべからず。山丘の固めは、箱根碓氷を咫尺《しせき》の門掖として、大河東にみなぎりて入海の程能き趣、繁華の都会、実に四神相応の地とは是なり。(『平賀実記』『燕石十種』第二、一五八頁上段)

源内自身の記録ではないが、源内の実感として記されているこの一節は、田沼時代にはじめて江戸へきた他国者が直感した第一印象を代弁しているものと考えることはできよう。今はもう旧江戸城の全貌など想像することさえむずかしくなってしまった。わずか大手門・竹橋門・清水門・田安門・半蔵門・桜田門による最内郭だけしか残されていない。品川の大木戸、山下門・数寄屋橋門・鍛冶橋門・呉服橋門・常盤橋門・神田橋門・一橋門・雉子橋門の郭内には、さらに和田倉門・馬場先門・日比谷門を連ねた「くるわ」の雄大な構があり、その郭内つまり丸の内には、豪壮な大名屋敷が軒を並べていたわけである。こういう大城郭は日本中どこにもないもので、それはまことに雄大な偉容であった。だから、他国者はおどろき、江戸ッ子はこれを誇りとしたのである。

江戸ッ子は、侍に対抗し、これに屈しない「いき」や「はり」を持合せてはいたのだが、それは、単純な図式での対立関係でなく、幕藩体制の複雑な社会構成を反映したものであったので、田舎侍や他国者に対しては、将軍のおひざもとという、日本一の大城郭をお国自慢に持ち出したのである。

玉川上水・神田上水

水道の水は、江戸城のようなおひざもと意識というよりは、玉川上水などのように大規模な水道を誇りとしたものである。前述の「江戸ッ子文献一覧」

に見る江戸ッ子たちは、金の鯱と水道の水は、誰でも口にした自慢の種であった。江戸の都市計画がすすみ、下町の大都市化が進行していくにつれ、井戸水の良水がなく、飲料水対策上、大規模な土木工事によって水道を実用化するに至ったので、それはたしかに江戸自慢の一つにちがいなかったが、しかし、水質は必ずしも良いものではなかったし、水量も豊かに使えるものではなかった。

だから、上方や他国の者は、江戸の泥水を飲みなれることを心配したほどだし（上田秋成『世間妾形気《せけんてかけかたぎ》』明和三年刊に「水道の泥水さへ香まるゝ事にあらず……淀河の水の味おわすれなく、江戸の濁水の御しんばうは」とある〈同書、巻三第二「米市は日本一の大湊に買積の思入」〉）、また、銭湯などは水道では不可能で、必ず井戸によらなければならなかった。江戸の下町では、大商店といえども、自分の店に風呂のある家はほとんどなかった。これは、別に大きな理由があるのだが、一つは自分の家に井戸を持つことがきわめてむずかしかったからによることも忘れてはならない。このことについて三田村鳶魚は次のようにいっている。

江戸では武家屋敷でも組屋敷などでは浴室は大抵無い。仲間内でもやつて湯を立てゝそれに入る。町家もよほど大きな町人でありませんでは湯殿を持つてゐるのは無かつた。宝暦以降場末の町にまで湯屋があるやうになりましても、自分の家に浴室を持つてゐる者は甚だ稀なので、それは……専用の井戸を持つてゐなければ、湯が立てられなかつたからであります。（『江戸ッ子』）

たしかに江戸下町の井戸は大変な金がかかったうえに、許可がないと掘れなかったので、井戸を持つことはむずかしいことであった。だから浴室がなかったということもその通りなのだが、江戸ッ子として考えると、それよりは、火災と使用人に対する倫理上の問題が大きかったようである。これには今のところ私に文献史料の用意はない。しかし江戸落語の伝統を守っている林家正蔵師匠の談話は、江戸時代の町人意識をかなり鮮明につたえていると私は思う。というのは、浜村米蔵から聞いた話によっても、東京になってからの下町で、自家の風呂を持つようになったのは、明治も三十年代のことで、それもまばらであったが、どこの家にもというのはごく近いころのことだという。そういうことになると、師匠の話は、江戸を通じて明治期までの「江戸ッ子」の心情を伝えていると見てよいと思われるのである。

銭湯

師匠の話では、江戸ッ子は自分の家に風呂を持たなかったが、貧乏人は当然として、大店でもそうであった。なぜかといえば、一つは火災が多かったので、万一にも火元だという疑いをかけられたくない、ということ。いま一つは、大勢の使用人のうちには、立派な商家の息子などもいて、そういう使用人たちを銭湯に行かせ、自家の者だけで、ノウノウと湯に入ったのでは申訳けがない、ということから、自家浴場を設けなかったのだというのである。これは師匠が昔から話しつがれてきた「江戸ッ子」の心情を伝えているもので、おそらくかなり古くからの「江戸ッ子」の心情と考えてよいのではないかと思う。

火元の疑いをかけられたくない、ということは、また、自分の家から絶対に火を出さない、他人に迷惑をかけないという心情でもあって、このことは、使用人に遠慮して、自家の浴場を設けない倫理観とともに、大都市の市民として、洗練された高級な心情というべきであろう。この高級な都市的洗練による心情は、京伝が典型化した、乳母日傘で成人し、ぜいたくな生活をする「江戸ッ子」の気質に通じるものである。ぜいたくな日常は、都市住民として高級な文化生活を営んでいることをいったものであり、洗練された市民意識をも内容としている。それゆえ鳶魚のいうように、貧乏人やその日暮しの者が「江戸ッ子」であるとすれば、このような高級な心情を持ちあわすことはむずかしかろう。やはり、高揚してきた江戸根生い町人たちが、下町暮しの火災の多い市街地のなかで、長期間の体験を積み重ねた結果、おのずから磨きあげられたもので、土地柄に即した「江戸ッ子」の心情だといえよう。

あつ湯好き

浜田義一郎氏はさきにあげた「江戸東京人の気質・人情」のなかで『武玉川』初編の「賤しく老てあつい湯に入」という句を、「江戸ッ子」の朝湯とあつ湯好きは周知の通りだが、これは戸外での筋肉労働の結果と見、事実、そうした人々で「江戸ッ子」をふり回す感があったのだろう、といっている。「江戸ッ子」をふり回した人間はそうであろうが、あつい湯というのは、筋肉労働者だけではなかったと見たい。というのは、「江戸ッ子」はすべてといってもよいと思うが、銭湯へ行ったのである。だから、あつい湯に入るということは、意地っ張りとか、筋肉労働者という事より、多くの人に迷惑をかけないという、高級な市民意識によるところが大きかったと見るべきであろう。

江戸ッ子のあつい湯について、『書斎の窓』(昭和五十三年九月号)に掲載された「穂積重遠先生留学日記」Ｉに見える大正元年十二月二十一日のドイツでの入浴記事が興味深い。次のごとく記している。

午前は大学の裏のヴィクトリアバードと云ふ銭湯に行く、下宿の湯にも到着の翌朝はいつて見たが、湯船も小さく殊に沸かし切りでうめることは出来るが熱くする訳に行かぬので、江戸児にはとてもぬるくてたまらぬ故、今日はためしに町の湯に行つて見る。これは市立の浴場で中々大きな建物、スウィミング、バスもあるそうだがそれは此次に譲つて、今日は普通の湯にはいる。勿論一室貸切りで一人毎に湯を更へ、浴客は自由に温度を加減することが出来、湯船も広くて気持がよい。湯銭は三十銭(日記中の銭勘定は特にマーク、プフェニヒと書くときの外はすべて我貨幣に換算せるものとす)外に女三助に五銭握らせる。下宿ではいると一回四十銭取られるからこゝの方が廉い。廉いと云つた所で我国のとはくらべものにならぬから、毎日はいつては財布の中まできれいになつてしまう。そこでこつちの人は一週間に一度はいれば余程の湯好きだと云ふ。下地は好きでなし御意はよし。僕も精々一週二回位にして置きませう。

穂積重遠が自分を江戸ッ子と意識しているのも面白いが「江戸児にはとてもぬるくてたまらぬ」というところは、大正になっても、江戸ッ子の総体があつい湯を好んだという通念をゆくりなく物語っているといえよう。

芥川の東京人

『芥川龍之介全集』第六巻に、四と六の二つの項に「東京人」という短文が載っている。四の方は龍之介自身東京に生まれ育ったが愛郷心を感じたこともなく、感じないのを得意としていたのだが、という書き出しで、次のようなことを書いている。大震災のときに大彦の野口君にあったら、罹災民が続々と東京を去っていく中で、彼が「お国者はみんな帰つてしまうでしょうが、その代りに江戸ッ児だけは残りますよ」といった。その時自分は何か愛郷心に似た勇ましい気がして、「やはり僕の心の底には、幾分か僕の軽蔑していた江戸ッ児の感情が残つてゐるらしい」と結んでいる。六は、ある待合のおかみが懇意な芸者のために二〇〇円の帯を注文してやった。ところができてきたらたいへん派手すぎたものだったので、呉服屋の主人は何もいわずに一五〇円でそれを納めた。おかみはそのことも承知の上で金を払って、そのままにしていた。そのうち芸者からさいそくされたので、その帯を見せ、一二〇円だといった。芸者も何もいわず金を払って、その帯は妹にしめさすことにした。誰もがみんな事のいきさつはよく知りあっていて、呑みこんだうえで、何もいわずに事をはこんでいく。「何、莫迦々々しい遠慮ばかりしてゐる?――東京人と云ふものは由来から云ふ莫迦々々しい遠慮ばかりしてゐる人種なのだよ」と結んでいる。

また同じ一八項に「宇治紫山」というのを書いている。この紫山は芥川一家で一中節を習っていた旧蔵前の札差であったが、酒で飲み倒してしまい、小さな借家にいた。それでも「二三坪の庭に植木屋を入れて、冬など実をもつた青木の下に枯松葉を敷かせたのを覚えてゐ」るとか、いつか雪の上でころび、その時、「まあ褌《ふんどし》だけ新しくてよかつた」と言ったさうだ、と記しているが、これなど江戸ッ子の末裔の姿をとどめている物語だといえよう。

石母田俊氏も、戦後、貧乏生活をしていた職工長が、正月元日黒紋付の羽織に仙台平のはかまを、りゅうと着こなした姿にびっくりしたが、それは質入れして置いて、正月だけ引出して正装するのであったと知り、はじめて江戸ッ子を感じた、という。

江戸ッ子の伝統

芥川の東京人の「江戸ッ子」も石母田氏の「江戸ッ子」も、それは斜陽族のいやらしい見栄っ張りであったり、また、不健康な生活類型に個性を圧殺された封建的倫理に支配された、悲しい人たちの行動原理にすぎないという見方もできよう。多くの人たちが、「江戸ッ子」は実をもたない小町人の見栄坊にすぎなかったのだと見てきた。ではなぜ、そういう見栄を張らなければならなかったのか。この見栄と見える部分や、はじめ芥川が軽蔑していた「江戸ッ子」というのは、そういう部分の行動の仕方によって、きわめて洗練された美しく、みやびやかな都会的美意識や、立居振舞となってくるのである。

すでにのべたように、「江戸ッ子」は京伝が典型化したところまでの、いわば大町人たちをも包含した「江戸ッ子」と、寛政改革による断絶後の自称「江戸ッ子」との重層的な存在であったのであって、そのうちの自称「江戸ッ子」の意識や行動が、実もない見栄坊や軽蔑すべきうわつらの振舞として世にはびこり、これが三田村鳶魚の説に見られるように、一般に「江戸ッ子」の総体と理解されてしまった結果、見栄や軽薄な行動ではないものまで、一様に見栄坊で、古臭い形式主義の主従仁義だと見なされてしまってきたのだと思う。

しかし、芥川や石母田氏は、そういう東京人の伝えてきた「江戸ッ子」の伝統の中に、見栄ではない、自分をおさえて人をたてる、世の中を大事にする、世間に迷惑をかけない、そういう遠い昔から洗いあげ、磨きあげてきた美しい「江戸ッ子」の心情を見ているのである。こういう心情、磨かれた高度の美意識、そういうものが、うらぶれた落魄の生活のなかで、細々と堅持されていると、それは見栄坊にも見えるであろう。そうではないのだ。関東大震災、第二次世界大戦の大空襲による徹底的な戦災で、「江戸ッ子」は潰滅したといわれているが、それでもなお、林家正蔵師匠のような「江戸ッ子」が、遠い昔の「江戸ッ子」の心情をつたえているのである。

須藤出穂氏は岡本綺堂の『半七捕物帳』が、「江戸ッ子」の人間像をよく伝えているといっていたが、泉鏡花の『日本橋』が彼の「江戸ッ子」ものの最後の代表作のようにいわれているように、「江戸ッ子」の伝統には、たしかに田舎者とはちがった、きわだって垢ぬけした美しい心情と、大都市の人としての洗練された行動様式がある。そういう心情や行動様式は、すでに宝暦―天明期の「江戸ッ子」たちが磨きあげていたものなのである。

生まれそこない金をもち

この標題は「江戸ッ子文献一覧」の(2)の川柳の「江戸ッ子」につづく、句の一部である。同じく(5)の「江戸ッ子の妙は身代つぶすなり」というのと逆観察である。立派な江戸ッ子は身代をつぶしてしまうが、できそこなうと金もちになる。こういう江戸ッ子気質が、安永ごろにはもう「江戸ッ子」の通念になっていた。このことは、「江戸ッ子」が金ばなれのよい、金銭に執着しない、無欲恬淡たる、さばさばした、きれいな人間たちであったことを意味している。

銭か金か

俗にまた、「江戸ッ子は宵越しの銭を持たぬ」、という言葉があって、このほうが、今でも一般に江戸ッ子気質の代表的な通り文句になっている。いろいろ調べてみたけれど、四代目広重説に見えるだけで、まだ私はこの通りの文句の出典がわからないままでいる。今までの江戸ッ子論にも出典を記しているものがない。一般には、さきの川柳よりはこの言葉のほうでよく知られているので、川柳までが、「生れそこない銭をため」などと「金をもち」でなく、誤った形で流布したようである。江戸ッ子は、その日に得た銭は、その日のうちにつかい果たして、明日まで持越さない。ということなのだが、こういう「江戸ッ子」は将来のことなど何も考えない。無思慮で捨てばちで投げやり的で軽薄で、刹那主義であったようにも見られるが、やはりさっぱりした無欲恬淡たる人間像を賞讃している面のほうが主題だと私は思う。

宵を越さない金遣い

鳶魚などは、このことを、江戸ッ子を解くのによくつかっているが、それは、江戸ッ子は最低のその日暮しであったから、明日に持越さないと威張ってみたところで、それは銭だから高が知れている。小判や一朱銀・二朱銀・南鐐銀などの金銀貨ではなかったところからも、江戸ッ子のお里は知れる。彼らは化政以降どんなことをしても暮していけるその日稼ぎができるようになった。だから明日のことなど考えないで、働いた銭をつかい果たしたのだというのである。鳶魚はこのような江戸ッ子の成立を寛政以降、特に化政期に展開した江戸下層民の生態によると見た。

しかし、江戸ッ子が金ばなれのよい恬淡たる振舞をしたのは化政期にはじまったことではないし、また江戸における下級労働者たちが空威りして鼻っ張りの強い「江戸ッ子」風を吹かせるようになったのは、労働力が売手市場に立つことになったからだと見るわけだが、江戸における労働力市場の変貌現象は、化政期以降というよりは、いろいろな意味で大きな構造的変貌を余儀なくされた宝暦以降の現象であって、それには多くの証拠が出揃っている。こういう点でも、鳶魚説は改訂すべきであろう。そこでまず、労働力が売手市場にたつようになった、宝暦期の状況をあげてみよう。

宝暦五年（一七五五）に刊行された音同舎撰《おんどうしゃせん》の『浄瑠璃三国志』には、

判吉又進み出て、それは旦那の了簡ちがひ、……やいおやぢ、……外記や土佐がはやつた時代は、道落ものはなかつたか。めつたな事ぬかすとぶちのめす。高が此の家に居まいとおもへばよい。

江戸中の白壁はみな旦那ぢや。どこへ行ても、身にかへても豊後節はひいきにする。（「浄瑠璃三国志」巻之壱「常盤屋家内上留理問答」国会図書館）

とある。これは一商家を設定し、親父は河東節、手代の判吉は豊後節をそれぞれ熱愛し、互いに自分の支持音曲を主張して一歩も譲らない論争を展開し、当時の江戸における浄瑠璃文化社会の状況を写したものである。だから、手代で実際に右のような個性的な強弁を吐いたかどうか、それはわからない。しかし、「江戸中の白壁はみな旦那ぢや」という労働者側の強硬な態度とその主張は、やはりもう江戸の一般的風潮になっていたから、たまたま、論議のなかで、こういうところにも登場することになったのだと見てよいと思う。

安永六年（一七七七）刊、福輪道人《ふくりんどうじん》作洒落本『郭中掃除《かくちゅうそうじ》』には、

夫世に盛衰あり、物に変化あり。風俗は人物に従つて移り行ものなり。上方のものは爰の所をはやく合点して己が仕似せを手本とせず、客の仕形を手本とす。かるがゆへに、客がいか程わるかしこくなるとも、此方も又手をかへ品をかへて遣はせるやうにしかけ、いやでも取のめす事なり。

とあって、江戸の廓で、揚屋も太夫もなくなってしまったのは、このような上方商法のごとく、顧客第一主義に徹しなかったからであると見ている。そして具体的に宝暦以降の揚屋や太夫の消滅したことを衝き、それは当然のなりゆきだと見ている。このことは、見方を一転すれば、顧客にこびない江戸商人の気質を表明しているのであって、江戸ッ子気質の逆の証拠だともいえよう。

こういう江戸の変貌は、他国人にとっても大きく印象付けられていた。たとえば上田秋成は、明和三年(一七六六)刊『世間妾形気《せけんてかけかたぎ》』で、

……江戸は身上の定めかやと、歌にうたふ本町駿河町さへ、昔とはことさびて、千両の堀ぬき井戸も近年ほらする家も見えず。ましてや小店商人の剣の刃を渡る世の中の姿、そろばん詰のちゑ才覚にも、大もうけあるべきとも思はれず。

とあり、同じ項のすこしあとに、前述したごとく、江戸の水道を泥水と見た記事があり、それにつづく江戸の記事で、当時の江戸商人の生態変貌の相を鋭く観察しているのである。つまり、上方から江戸へ昔の使用人であった人を頼ってきた若旦那は、一もうけしようとしているのだが、その男は昔の若旦那に対して、あきらめて帰ったほうがよいと次のように説得するのである。

私もこの地へ下りまして、きざみたばこ上塵紙のかたげ売、日に八九里づゝの道を、足を棒にかけ廻りましても、小商のはかもゆかず、ことに諸色のたかきにおはれ、水道の泥水さへ呑まるゝ事にあらず。うろ〳〵と致すうち、此家の死跡の入家致して此口入商売、只今の江戸、なか〳〵大づかみなる事、小本銭《こもとで》にては見えわたらず。通行の大商人は多く京・伊勢・近江よりの出店にて、地のおひたちは希《まれ》なり。千両設けやすく、千両出でやすし。淀河の水の味おわすれなく、江戸の濁水は御しんばうは、もとよりいつ御出世ともはかりがたし。とかくこゝは思召をかへられてお上りなさるゝが上分別と、実ある諌《いさめ》。

上田秋成の江戸観

といっている。このように、江戸はもうこの時代には、投機的な大もうけのできるところではなくなっていて、小店商人の剣の刃を渡る世の中の姿とか、水道の泥水さえ飲むのがむずかしいほどきびしいことになっているとか、というように、上方人の目にも他国者でない旧来からの江戸町人の営利活動が活発化したことが、注目されているのである。これも秋成のフィクションといってしまえば、論議することが無意味だが、これまでのべてきた、さまざまな条件を重ねてみると、宝暦─天明期の江戸には、かなり下層の商人や職人までが「江戸中の白壁はみな旦那ぢや」という言葉が象徴しているような、意識をもつようになっていると考えられるのである。

下層民の文化度

農村からの流入者や、江戸内部での火災などによる没落者のごとき低階層民でも、その日の生計をたてることには事かかない、そういう労働市場は開かれていた。このことは、『孝義録《こうぎろく》』などを精細に分析した池上彰彦氏の論稿「後期江戸下層町人の生活」（『江戸町人の研究』第二巻）によってつぶさに知ることができる。こういう下層民のうち、旧来の江戸住民たちは、都市生活の習いとして、かなり高い教養をも身につけていたのである。

すこし時代が後になるが、寛政七年（一七九五）に親孝行者として表彰され、銀五枚を与えられた本郷春木町三丁目のいわという娘は、父の伝兵衛に、町内の読本《よみほん》を借りて来て残らず読んで聞かせた。そのうち町内の読本を読みつくしたので、孝心に感じた隣人たちが、方々から借りて来て読ませた、ということが、『孝義録』にも『御府内備考』にも載っている。本郷の春木町三丁目は、俗に「本郷もかねやすまでは江戸のうち」という、本郷三丁目よりわずかに御茶ノ水よりで、江戸は江戸でも、淋しい方であった。そういうところの下層民の小娘が、読本を自由に読み尽したほどなので、都心の代々江戸住居の町人たちの教養というものが、大体察しられよう。

ところが三田村鳶魚は、「江戸ッ子」は当時の江戸下層民で、大部分が文盲で、無教養な低級の人間ばかりであったように見ている。農村から流入したあぶれ者としての下層民や、ならず者たちのなかには、どうにもならない文盲の無教養人がいたであろうが、少なくとも鳶魚が、江戸ッ子の初見といった寛政七年ごろには、いわ女のような下層小娘でも、すらすらと読本を読みこなすほどの文化度が、かなり一般化していたと思われるのである。

このように見てくると、ならず者や他国からの流入者は論外として、生粋根生いの江戸町人たちは、十八世紀後半期になると、かなり下層の商人・職人たちまでが、鼻っ張りの強い自意識をもつようになり、労働力の売手市場が強気になってきたのである。こういう労働力市場の広汎な展開が、下層民たちにも、明日の金の心配をさせないような心意気をもたせることにもなっていったことはたしかであろう。

「江戸ッ子」の中核的存在であった札差とか魚河岸の富裕町人たちも、幕府の米蔵から必ず流入する大金があり、また、大江戸の巨大な消費力は、一尾の初鰹に、二両二分（今の約一二万円）もの大金を投じる豪勢さで、明日の日を心配する必要のない彼らであってみれば、これもまた、宵越しの金をつかわない、さばさばした金ばなれのいい心根が、おのずから形成されたと思われるのである。

初鰹の高値を呼んだピークが、天明期であったことはすでにのべたが、それは単に初鰹だけに現われたこととは考えられない。やはり、生活の万般に、そのような高まりがあって、そういう高まりの時期に、京伝が、江戸ッ子を見事に典型化したことは、京伝のすぐれた才能によることはいうまでもないことだが、多くの江戸ッ子の実体が、世相・風俗、あるいは世の中の大きな潮流として渦巻き流れていたからであろう。

自称江戸ッ子

自称江戸ッ子の成立

主流と自称

以上で私は、天明から寛政四―五年（一七九二―三）までのころに成立したと考えられる、いわゆる中核的主流の江戸ッ子についての考察を終った。次に、このような主流江戸ッ子に対し、これと同様の比重をもって、その後、特に化政期以降にその数を増し、大きな展開を示した自称江戸ッ子について考察したい。

ただ、これらの自称江戸ッ子は、私がこのように分類して名付けたもので、はじめの「いろいろな江戸ッ子説」で紹介した諸書には、この江戸ッ子のことが多く論じられており、そうした江戸ッ子の具体例も収載されている。また、「江戸ッ子文献一覧」には、この自称江戸ッ子がかなり多く載っている。こういうことから、この自称江戸ッ子については、ごく概括的にのべることにしたい。

「江戸ッ子文献一覧」によると、寛政の中ごろから自称江戸ッ子が活躍をはじめ、文政ごろまでの間に、そういう江戸ッ子の文献が多数並んでいる。このことは江戸の文献刊行物が、他の時期のものにくらべて、この期のものが圧倒的に多いということにもよると思われるので、必ずしもこの期に集中して多いとはかぎらないかもしれない。もちろん、この通りなのかもしれないのである。このことを注意したうえで考えても、このように、多くの用例が寛政―化政期に集中していることには、それなりの意味があり、鳶魚のような見解が出てくることも、ありうることだと思われるのである。ということは、それ以前に右に私が論じたような主流江戸ッ子に関する文献をほとんどご存知なかったことによるのである。

構造変化と江戸ッ子

さて、この自称「江戸ッ子」たちは、社会構成史的には竹内誠氏（「寛政―化政期江戸における諸階層の動向」『江戸町人の研究』第一巻）が指摘したように、十八世紀後半期以降の江戸における階層分化の激化によって、大量に没落してゆく市民たちが下層社会に沈澱し、旧来の江戸下層民に加えて、それが量的に脹れあがったころ、いっぽうで、大量の脱落農民が江戸に流入して同様に下層社会に滞留することになった。こういう社会現象が激化していくプロセスにおいて、旧来の江戸市民たちの間に「おらァ江戸ッ子だ」という優越感・土着意識が形成されたのだということができよう。

ところでこの場合、流入農民は完全に他所者で、「江戸ッ子」ではありえないか、ということになると、鶴屋南北の脚本などで、強悪者などに脚色されている他所者が、立派に「江戸ッ子」らしい行動をしたりすることも少なくないので、江戸流入後、巧みに順応同化して言葉も行動も「江戸ッ子」らしくなったものは、旧来の「江戸ッ子」よりもいっそう「江戸ッ子」風を吹かせることになるので、この意味では、自称「江戸ッ子」の下層町人たちの人口は必ずしも旧来の江戸在住者ばかりでなく、そのため少なからず大量化していたと見てよかろう。

さてこのような自称「江戸ッ子」を三田村鳶魚は文盲のその日暮しの軽薄な者ばかりと見たのであるが、この見方は誤りであって、江戸の大衆は、すでにのべたごとく、当時としては江戸の周辺地帯に当たる本郷春木町の貧家の小娘が読本を自由に読破したことのごとく、一般の市民の文化度がおどろくばかり向上していたのである。だから、鳶魚が信じこんでいたように、「江戸ッ子」は文盲・軽率な低級者たちばかりでは決してなかった。そうではなくて、むしろ逆に、彼らこそまさに、化政文化創造の推進母体であったと考えられる。

ここで注意しておきたいのは、天明期から寛政初年にかけて成立した主流江戸ッ子は、寛政改革によって大打撃をこうむり、一時断絶状態に見えたが、しかし完全に消滅したのではなく、札差町人としての蔵前の大通《だいつう》たちは、弱体化はしたが依然として勢力を張っていたし、吉原も魚河岸も健在であった。したがって、寛政改革後といえども、主流江戸ッ子は脈々と生き続けていた。つまり、これまでにしばしばのべてきたように江戸ッ子は重層的に存在することになったのである。そうして、化政期には、このような主流江戸ッ子よりは、自称「江戸ッ子」のほうが、量的にも大人口となり、そのような「江戸ッ子」大衆のエネルギーが、化政文化の最も江戸的な展開として特徴的な行動文化の創造源になったのである。

行動文化

この行動文化の創造源については、『江戸町人の研究』第一巻の「江戸町人総論」、ならびに同第四巻の「江戸の町名主斎藤月岑」の論稿中「行動文化と月岑」その他、これまでに、いろいろな観点から、このことに関する卑見をのべてきたので（「化政期における江戸の生態」『地方史研究』三六、第八巻六号。「後期江戸町人の文化生活」『国民生活史研究』五―生活と道徳習俗―所収。「江戸文化と地方文化」岩波講座『日本歴史』近世五所収）、ここでは、このことについては省略し、これまでにふれなかったことの二、三についてだけ論じておくことにしたい。

すでに「総論」で、開帳とか、講中・縁日・祭礼・花見・月見・雪見、あるいは江戸市中に、下町とか山の手とか、西部とか北部などと、いく組もの三十三所観音巡礼コースができたり、六阿弥陀とか、さまざまな地蔵詣などが急速に盛行し、それらを詳細に追求してみると、たとえば地蔵詣だけでもたいへんな発展をとげたことがわかる。あるいは花見・月見・雪見なども同様で、ことに、花への関心は強烈であった。珍種・変種・名品の開発は現代もおよばないほどの異状な発達をとげた。

こういう現象は、もちろんそれが浮世絵とか歌舞伎にもあらわれたことはいうまでもないことで、たとえば葛飾北斎の刺青《いれずみ》を総身に彫り込んだような水滸伝の勇士たちとか、鶴屋南北・七代目団十郎・尾上松助・五世松本幸四郎らによる「けれん」、早替り・怪談もの・幽霊もの、その他極端な好色・グロテスク・醜悪・惨虐などのかぎりをつくした強烈な刺激的舞台は、あるいは、それらを絵にしたり、また政治諷刺などで鋭く世相を怪談的に戯画化した歌川国芳の板画など、大都市江戸の消長を大観する立場からこれを観察すると、全く同様の現象にほかならないと思われるのである。

文化の商品化

最近、化政文化のなかでも、このような南北や北斎、あるいは少し後の国芳とか土佐の絵師金蔵など、強烈なバイタリティーを発散させ、そこにおのずから体制批判をぶちまけた作品が注目されている。いわば悪の再評価とでもいう新しい動向である。そうしたなかで、たとえば北斎や国芳の絵に施された刺青なども、「江戸ッ子」が大いに熱狂した反体制的心意気の象徴であったと考えることもできよう（一九七二年一月二十八日の「伝統芸術の会」で「国芳の戯画をめぐって」が論じられ、その席で飯沢匡氏はこの見解をのべ、後日NHKテレビの「国芳」の放送でも氏は再度このことをのべた）。こういう大きな江戸市民大衆のエネルギーが渦巻くようになったということは、右のような行動文化とか、そのなかでも花見・月見・雪見などのような遊びの世界のことが、同時に金にもなるという、いわば近代的な文化市場が広汎に展開したからである。たとえば、菊の名品を創出すると、その苗の一芽が三両にも五両にも売れるとか、一鉢の橘が、三〇〇両、四〇〇両で売買されて大流行するとか（「杉浦家日記」寛政九年八月二十日の条）、同様のことは、さつき・おもと・朝顔・梅・桜などだけでなく、寄席の三題噺や謎解きなどにも、名人芸はきわめて高額の収入を得ることができた。つまり、市民の文化度が向上して、新しい商品が広汎に開発され、新しい観光資源としての名所の成立とか、旅の盛行とか、巡拝の流行など、いずれも、「江戸ッ子」たちの、このような商品と結びついた情熱の奔騰でもあったのである。

自称江戸ッ子の実体

文献一覧の自称江戸ッ子

自称「江戸ッ子」は、「江戸ッ子文献一覧」にあげたように、⒇の式亭三馬の洒落本『傾城買談客物語』の「江戸ッ子のありがたさには」とか、(22)の松風亭如琴の洒落本『風俗通』の「おいらァさ……江戸ッ子の正銘まじりなしの通人のしやうかにやァ」とか、あるいは、(24)のうくひす谷白眼の洒落本『三千之紙屑』の「江戸ッ子の利辨さんを旅猿や浅黄らしきあつかふとハ……」以下、(28)の十返舎一九の『東海道中膝栗毛』、式亭三馬の(32)『浮世風呂』、(35)『客者評判記』、(36)『浮世床』、(38)『一盃綺言』、十方庵の(40)『遊歴雑記』などに見える「江戸ッ子」がそのような自称「江戸ッ子」の典型だが、これらはいうまでもなく、いわゆる鼻っ張りの強い自己主張型の人間たちで、例外なくきわだって個的な存在であった。

江戸ッ子が個的存在であったことは、主流江戸ッ子もさきにのべたように同類型で共通するところである。しかし、この自称江戸ッ子は、主として下層社会に転落したような根生いの江戸町人たちで、時代の移り変わりや、地震・火災その他の理由で転落したり、もともと下層町人であった者たちが、「おらァ江戸ッ子だ」という自意識を持つようになった人たちであった。こういう自称江戸ッ子の生活とか、その行状などはどうだったのか。このことを探るのがここでの課題である。

ところが、そういう具体的な行動軌跡を記録したものはない。そこで私は、以下一つの便法として、鶴屋南北の歌舞伎作品とか、葛飾北斎や歌川国芳らの作品に描かれた浮世絵の人間像などから、この自称江戸ッ子の実体を追求してみようと思う。

生世話もの

江戸時代の歌舞伎劇は、現代の歌舞伎が現代社会と結ばれている結ばれ方とはまるでちがっていた。江戸中期以降は主として江戸における歌舞伎が主流を占めるが、それは文学・思想・絵画・風俗にわたる当代文化の指導的役割を果たすようになった。当時の歌舞伎は時代の政治をはじめ、世の中の矛盾を敏感に反映し、これを舞台に抽象化して上演した。

もちろん、たびたび法度が発令されて、際物《きわもの》脚色、政道批判などはきびしく禁止されていたので、生のまま文学作品にしたり、またそれらを舞台にかけることはできなかった。そのため、時代背景を遠く古代や中世に設定し、巧みに監視の目をそらして、実は端的に時代の現実を脚色した。

それでも馬場文耕のように、磔刑にされたもの、山東京伝のように手鎖にされたもの、司馬江漢のように、絶板を命ぜられたものなど、さまざまであったが、きわめてきびしい出版統制、上演制限が行なわれた。そういうなかで、法度にもれているところ、たとえば、日常生活の新しい事件とか、従来から慣例として取締りをうけない好色ものとか、手品・軽わざ・奇術・見世物などのようなものは、いまだかつて見ない大流行を見せるようになったので、舞台芸術にも、そういう時代の情勢が反映し、鶴屋南北が脚色したその時代を描いたものは、いわゆる生世話《きぜわ》と呼ばれるようになった。

それは、まことに生き生きと、化政期の江戸の町人生活や、落ちぶれた浪人の生活などをはじめ、吉原や私娼の岡場所から夜鷹などに至るまで、精細に活写したから、この呼び名ができたものと思うが、そういう舞台面に、江戸の市井の下層町人たちが、どういう意識で行動していたかを写したところがたくさん出てくる。

南北が捉えた人間像

そのなかに、底辺でうごめいているような人間でありながら、一人一人が、人間として、ハッキリした個の意識をもち、それを前面に押出しているような面魂《つらだましい》をもつ人間が、たくさん描かれている。南北の生世話ものを歴史的に考察する場合、私はこの点が最も重要なところではないかと考えている。これらの具体的なことは、最近三一書房からすぐれた『鶴屋南北全集』が出ているので、それらにゆずることとして、ゆすり・かたり・責め・濡れ・喧嘩・殺しなど、きわめて多彩であり、彼の筆力はまことに多方面に及んでいる。そういう多彩な人たちが、究極するところ、一人の人間として、基本的にはそれがすべて個的存在だということである。

なぜそうなのかという理論は、すでに「お江戸と江戸ッ子」で論じたが、それが、このような底辺にまで及んできたこと、そうして、その底辺の江戸町人がなぜこういう意識をもつようになったかは、さらにくわしく考察すべき問題として、後にゆずり、ここではまず、そういう、自称江戸ッ子ともいうべき人間の実像を、南北の脚本のなかから、いくつか拾いあげてみることにしたい。

なんの事だえ、二本棒の侍と、犬ッころが怖くつて、江戸の住居がなるものかえ。これから死つくらだ、こゝへ出やァがれ。（『心謎解色絲《こころのなぞとけたいろいと》』で、武家浪人五平太に向って啖呵を切る九郎兵衛のセリフ）

下男の友七が、浪人の五郎に言いがかられ、中に入って調停しようとした徳兵衛が平身低頭、酒代を出して陳謝しようとしたのに、五郎がこれを侮辱する。すると徳兵衛は昂然と喰ってかかって、いう。

何のことだ、奉りや附け上り、済むの済まねえのと、水切りの井戸ぢやァあるめえし、内の野郎が粗相したらどうする。これえゝ、身を知つた侍は、祭り・遊場・繁華の場へ面を出すはご法度故、云ひたいことも云はずに帰るわ。お里の知れた両刀《りやんこ》たち。これ、こけ嚇《（おど）》しがこわくつて、泥水飲んで、三分の鰹が食はれるものかえ。（『謎帯一寸徳兵衛《なぞのおびちよつとくべえ》』）

また、南北が立作者となった第一作でもあった『四天王楓江戸粧《してんのうもみじのえどぐま》』では、白金中道寺門前紅葉茶屋の場で、江戸の場末の低級な娯楽場を活写し、「物は附」とか「謎」などを見せたりするところへ、おだてられて千句合に投句した家主が受賞しなかったのでいきりたち、店子《たなこ》の居候《いそうろう》に家主が馬鹿にされては世間ていがすまないぞ、この貧乏野郎め、誰だと思う家主だぞ、といって威張る。すると、そ

の力んでいる家主に対して居候は、

なんだこの亡者め、家主でも蠑螺《さざえ》でも怖かァないぞ。なんだ、コレェ、居候々々と吐《ぬ》かしてもな、うぬらに居候のまねがなるものか。尻切り鳶《とび》め、とつけもないご託をあげやァがつたな。

と、大きな顔で毒つくのである。

また文化五年（一八〇八）六月の市村座に書きおろした『彩入御伽草《いろいりおとぎぞうし》』の二番目、江戸両国の古着店、鰻店の場で、この鰻屋へ小旦那喜兵衛というならず者が、

お頼み申しやせう。この頃までお門へ商ひに来やした金時を売つた男でござりやすが、瘡《かさ》を患つて、金聾《かなつんぼ》になりやしたから、坊主にして善光寺様へ遣はしやす。衣の奉加を少しついてやつておくんなさい。

と、ねだりこんでくる。店では、いたし方もあるまいと少しばかりの金を与えた。するとこの小旦那喜兵衛は、

インエサ、十二文やそこら貰ふといつて、三文毛抜もあてた野郎が、この暑いのに、口をすぼめて御無心ながらの八百もいひ歩いて、話が出来ようと思ひなさるか。爰らのお店で、十二とは、あんまり気がねえね。角兵獅子か厄払《やくばら》ひにやりはしまいし、もう少つと御苦労をお頼み申しやす。

とたたみこんでゆく。物貰いが不足をいうなと断わられると、この小旦那はさらに、

ナニお前、奉加を頼んで無心を云ふに筋も絲瓜《へちま》もいるものか。お前の店が鰻屋だといつて、筋の

吟味はいりやせぬはな、堀の内や成田を騙《かた》つて、銭貰ひに歩くのたァ違ふよ。しらァ几張面《きちようめん》で、人の世話をするのだよ。旦那、モシ兄さん、お見世相応奉加に附いてやんなさい。

と、鰻店の主人八郎兵衛にもつれかかってゆく。こういう巷のほこりのような存在、ごろつき喜兵衛は、後の瀬川如皐《せがわじよこう》の作『与話情浮名横櫛《よはなさけうきなのよこぐし》』に登場する蝙蝠安《こうもりやす》の先駆である。こういう人間が、江戸の下層社会には新しい存在として登場してきたのである。

文化七年（一八一〇）の『心謎解色絲』の大通寺墓所の場などの登場人物は、葬られた女を恋人が掘出し、その女が蘇生するというような猟奇的な趣向もあるが、大家も坊主も、実に冷めたい金勘定の都会人を巧みに描いている。

強悪大島団七

文化八年の七月、市村座に上演された『謎帯一寸徳兵衛』の浪人大島団七は、後の『東海道四谷怪談』の民谷伊右衛門と全く同じパターンの人物で、南北はここでまず悪の花を咲かせたのである。団七は師の玉島兵太夫を殺す。その時加勢してくれた佐賀衛門も惨殺してしまう。そうして兵太夫の敵を討ってやろうと、その娘お梶を女房にする。収入もない浪人の身なので傘張りをしている。いろいろお梶を苦しめた上、ついにこれを売り飛ばしてしまい、先妻の娘お市をも売ろうとする。義理に絡まれたお梶は病身をおして追っかけてゆく。入谷田圃でお梶は団七に追いつくが、ここでお梶は団七に殺されてしまう。その時団七はお梶に対し死出三途への送り土産だと、

成る程こりや尤もだ、したがよぼけたわれが親父、草葉のかげからこの事を、知らせる程の器量

があれば、おれに切られて死にもしまい。返らぬ事とあきらめて、亭主の刀で死んでしまへ。ハテ亭主が女房を返り討とは珍らしい。敵同士でも夫婦は二世、先へ殺してやる程に、未来は一つ蓮の楽しみ、半座を分けて、待つてけつかれ。

といって、なぶり殺しにする。この手法は『四谷怪談』の伊右衛門がそっくり受けついでおり、お岩の父を殺した伊右衛門は、父の敵討をしてやろうといってお岩を女房にする。そうして最後はやはり、このお岩を殺してしまう。殺し場のところでは、団七がお梶を殺す場面のほうが惨虐で、しかもその殺意が強悪《ごうあく》である。

伊右衛門とお岩

南北の『四谷怪談』は文政八年（一八二五）という年に書下された作品で、五〇歳代になってから立作者として化政期の江戸劇壇の作者界に君臨した南北が七一歳という最晩年において、いわば彼の作品の集大成というかたちで書きあげられたものである。有名な作品で、今もたびたび演じられ、ついこの昭和四十八年八月にも歌舞伎座で市川海老蔵の伊右衛門、中村歌右衛門のお岩で上演された。

文庫本をはじめ、多くの研究があるので、内容や筋を詳しく論じる必要はあるまい。ものすごい幽霊芝居で、伊右衛門は団七のように徹底した悪人である。その強悪者の妻お岩は、まことに貞淑そのものの女房である。それなのに、伊右衛門は金持ちの隣家の娘の恋にひかれ、お岩を殺してしまう。この殺される瞬間に、お岩はお梶とちがって、強烈な敵愾心《てきがいしん》に燃え、今をも知らぬ此岩が、死なばまさしく其娘、祝言さするは是眼前。たゞうらめしきは伊右衛門殿、喜兵衛一家の物共も、何あんをんに有べきや。思へば〳〵、ヱ、うらめしい。

一念通さでおくべきか。

と、息を引きとると、お岩の執念は、醜悪な幽霊となって、加害者であった伊右衛門に対し、逆転してたちまちはげしい加害者になり変わる。そうしてうらみと憎しみの執念が、凄惨醜悪な攻撃を伊右衛門にたたみかけ、

ともにならくへゆうゐんせん、きたれや民谷。

と迫ってゆく。伊右衛門のために、百万遍の念仏の人たちが蛇山の庵室に集まってお弔いをしていると、そこへも幽霊は出没し、天井からさかさまに吊りさがってきたり、手拭で伊右衛門の仲間をしめ殺したり、その死骸から血潮がタラタラとしたたり落ちるなど、惨虐な復讐を展開する。そうしてついに伊右衛門はお岩の幽霊に責めさいなまれて殺されてしまう。

封建倫理の破却

さてこのように見てくると、南北の脚本のなかだけでも、文化・文政期の江戸の町人たち、あるいは、町人社会も下層の貧民に転落していた浪人などの意識が鮮明に読みとれる。もちろんそれは、舞台の上のことであって、生きた現実の生の史料でないことは、いうまでもないので、この通りのことが実在として存在していたかどうかは、今のところ私にはこれをたしかめる史料はない。しかし、彼の生世話の江戸の社会描写から考えて、これらも実に大胆に、

当時の社会の実相を抽象したものと考えられる。

これらの人々は、どの人間を取り出してみても、それぞれ一人一人、個的に細分化され、引き裂かれてしまっている。団七や伊右衛門は、相互信頼の人間のあたたかさなど、かけらほども持ちあわせていない。協力者をたちまち惨殺する冷酷無情な人間である。こういう人間が江戸にはたくさん創出されていたのである。

すでに『江戸町人の研究』第二巻で池上彰彦氏が詳細に江戸下層町人を分析したように、下積みになり、転落した人々はさまざまであったが、こういう江戸の下層に生きている人間たちが、農村のような地域地域の共同体をつくって相互扶助の生活をするとか、または店の中で、旦那と店員との主従関係、あるいは広汎に開けてきた徒弟制度の中に組み込まれて、親方子方の紐帯で結びあわされるなど、そういう封建的な社会機構や封建倫理に全く縛られない、そういう個的な人間が、江戸にはたくさんできていたのである。

さきにあげた、「江戸ッ子文献一覧」に見た人々もすべてそうであった。わけても団七や伊右衛門の行状は、社会の倫理も道徳も一切無視し、忠節だの孝行だの、貞節だの信義だの、そういう意識は完全に嘲笑し去られている。近世封建社会の思想的支柱たる儒教倫理は、将軍のおひざもとを誇りとした、江戸の町人たちではあるが、南北の歌舞伎にあらわれるこれらを見ると、まずこの時期に大幅に破却されてしまったのである。

それでは何故にこのような現象が江戸という大都市で創出されることになったのであろうか。しかも化政期にそのことがピークを現出したのはなぜであろうか。私はそれを江戸がたどってきた前述のような社会構造の特殊性の諸条件のほかに、江戸という大都市が、生産とほとんど無関係な消費都市であったこと、しかもそういう消費だけの武家貴族が五〇万以上も住んでおり、それをとりまく町人も、江戸ないし江戸近郊の生産がほとんどないままに、他国との取引きが多く、そういう意味から考えても、この大都市は消費人口の集合体であった。このことが、江戸の町人の独自な性格を創出していったのであると考えている。

消費都市江戸

そうして消費都市としての大都市江戸の化政期は、全国的な商品生産が高まり、江戸の消費はいよいよ高まって、農村の空洞化現象を見せるような状態が到来しても、江戸の全盛は衰えることがなく、文化から文政になると、祭礼や縁日・開帳をはじめ、近郊近在に新しい名所が開発され、江ノ島・鎌倉・大山・成田など、いわゆる行動文化全盛期を現出した。

菊も「おもと」も、さつき・朝顔・桜・梅などの珍品を創り出して、それが高価な商品になった。消費のための文化が、遊びを最も発達させたのも江戸であったといえよう。こういう消費が著しく発達したことと、今でも東京は年中建築現場のようだが、こういう状況は江戸全期を通じて、いつも火災の連続で、時々大震災や大洪水で大きな被害があったので、そういう被害の復興土木工事が続くといった条件などが重なって、江戸の労働市場は化政期にはよほど開けてきた。

こういうことで、個に引き裂かれた人間でありつつ、江戸の町では、それゆえにそういう強烈な個的存在が顕在化してきたのである。『江戸町人の研究』第二巻の拙稿「江戸ッ子」の最後にわずかながらふれた当時の「江戸ッ子」と刺青の関係なども、こういう時代の風潮に対応するものであって、それは当然幕府の側からは規制される傾向のものであった。それゆえ刺青に対する取締令はまず文化年間に発令された。

しかし時代の進展は、いよいよ進行するばかりで、一片の法令でこれを消滅させることなど全く不可能で、たいへんな勢いで流行し、葛飾北斎らの浮世絵勇士にも、これが盛んに描かれて流行した。こういう行動的なダイナミズムは、遠い各地への旅や参詣などにも驚くばかり熱狂的な行動として燃え上り、かつ各地にも波及していった。

個的存在の顕在化と天保改革

享保末に成立した富士信仰が、宝暦―天明期に盛行し、それが化政期を迎えて大流行し、江戸の各地に多数の人工富士山ができたことなども、江戸という大都市のなかで、どうしてこういう新興宗教が発生したのか、まことに興味深い問題であり、それが反体制的な性格をもつ宗教であったのに、大流行したことはいっそう注目すべきことであろう。これらも、江戸の市民社会が、いち早く個的存在に引き裂かれてしまった人間の集合体であったからだと私は見ている。そういう意味でも、江戸町人の社会は、日本の近世封建社会の中では、最も早くいわゆる近代化されつつあった社会であった。

こういうことで、『四谷怪談』が象徴しているような個的人間の存在は、それがいよいよ顕在化してきて、年中行事や縁日や祭礼や歌舞伎・寄席・大道芸・見世物、その他名所めぐり参詣旅行などに、大きな渦巻となって湧きあがり、寛政改革の反動政策の引きしめも、全く無意味なものになってしまった。どうしてもこれを切断しなければ、封建制を維持してゆく思想も、その指導精神たる倫理道徳も危機に直面することとなる。

ここで水野忠邦の天保改革となるのは幕藩制側からは当然のことであった。しかし、このような江戸の町人の進展の方向は、基層の社会にまで浸透してしまったことで、いかに強力な反動政策をもってしても、人間の精神や意識の内面までを改変することは不可能であった。だから、こういう基本的な町人意識を敏感に把握した三世歌川豊国や国芳のような天才的浮世絵師、わけても歌川国芳の浮世絵は、すでに指摘されたように、天保改革を諷刺し、これを鋭く批判したのである。

天保改革は、このような批判をうけながら、すでに大きな力に成長していた町人の力を、あるいはその思想を改革することはできなかった。七代目市川団十郎を追放したり、歌舞伎劇場を浅草の片隅へ強制移転させたり、さまざまな文化統制を強行したりしたが、ついに国芳のような批判精神を抑圧することができないままに、町人たちの力で反撃されてしまった。

嘉永文化

天保改革を実力ではね返した町人の力は、その後開国を迎えて異状な動揺期を迎えるまでの弘化・嘉永の約一〇年間に、きわめて大きく伸張した。私は江戸時代の文化を時期的に五つの時期にわけて考えているが、寛永文化、元禄文化、宝暦—天明期の文化、化政文化、そして第五に嘉永文化を数えるのである。

嘉永文化という言葉は全く耳新しい言葉であって、私自身最近こういういい方をするようになったのであるが、その根拠は、天保改革以後の江戸文化は、これまであらゆる文化領域にわたって、評価すべきものがほとんどないと見なされてきた。つまり封建制崩壊期のこの時代は江戸文化には見るべきものがないように見なされてきた。しかし、よくみるとそうではなくて、この時代のものも、一々史料に当たって検討してゆくと、少なくとも弘化・嘉永の時代には、天保改革をはじき返した江戸町人の力が、文化面にも大きな高揚を示していることが明らかである。

嘉永文化の詳細は他日論じたいと思うが、たとえば化政期を鶴屋南北や七代目市川団十郎、五代目松本幸四郎、三代目尾上菊五郎らが代表するとすれば、嘉永は瀬川如皐や八代目団十郎が代表し、佐倉宗五郎の義民伝が、はじめて江戸の大歌舞伎に上演されることになる。寄席が前代未聞の盛況を見せ、豊国・国芳らの強烈な浮世絵が大量かつ多産され、また、江戸園芸の大発展などは目を見はるばかりの飛躍を見せた。その他多方面にわたって、江戸町人の文化的エネルギーは爆発的な奔騰を見せるのである。

鶴屋南北に続く論述は、必ずしも「江戸ッ子」としての限定のなかで論じたわけではない。それは、「江戸ッ子」の個的存在としての意識が、江戸町人のかなり下層の人々にまで浸透し、いわば「江戸ッ子」の層がはなはだ広くかつ重層的になったからと考えてのことであった。そうして嘉永以降になると、このような個的存在としての「江戸ッ子」の層は、よりいっそう広汎なものになっていったと考えられる。

近代における江戸ッ子

明治維新を迎え、近代の東京で、「江戸ッ子」はどういう運命をたどり、それは今日にどう連続しているのであろうか。あるいはまた、どのように断絶しているのであろうか。この問題は、江戸町人と近代とのかかわりという重要な研究テーマの一つでもあって、軽々しく結論めいたことを論じるわけにはいかないし、私の能力を越えた問題でもあるので、きわめて概観的な見通しをのべるにとどめたい。

江戸蔑視史観

すでに『村摂記』について問題にしたように、昭和に入ってから三田村鳶魚が書いた「江戸ッ子」論は、幕府の高級官僚であった村山摂津守の「江戸ッ子」観に大きく影響されたものであって、江戸城の独裁支配者たちが眺めていた江戸下町の町人観が、その視点になっていると考えられる。このことは、「文献一覧」の(53)にあげておいた旧幕臣関口隆吉の「江戸ッ子」観にも共通点があるように思われる。この記事は、江戸町人を集めて町兵を急場しのぎに編成し、これを鳶職の火消し訓練で部隊行動をさせるという方策に、「江戸ッ子」風を煽りたてたものである。

この記事とか、『斎藤月岑日記《さいとうげっしんにっき》』の幕末変動期における江戸の状態などから考えると、たとえば長州藩に対しても、江戸藩邸即日たたき壊し令が下ったのに、『月岑日記』によればこれに動員された旗本・御家人などは皆無で、町名主たる月岑などが出動して、町人足《まちにんそく》をかり出して長い間かかってこれを取りこわした、という有様で、町兵制といい、長州藩邸取りこわしといい、江戸町人たちは、さんざんに利用されるのであるが、新政府になってからは、『村摂記』が物語るように、幕府役人や藩士たちは、明治政府の側につき、徳川賊視の目に入れかえられてしまったため、江戸の市民たちは、まことにみじめな仕打ちをうけることになってしまった。

このため、近代日本では、自称「江戸ッ子」だけを「江戸ッ子」の総体と思いこんでしまい、そういう「江戸ッ子」の心意気は、旧幕時代の人情・仁義の世界として、これを断絶することに急な日々であった。このため、「江戸ッ子」本来の姿が見失われてしまい、「江戸ッ子」であることに恥らいをすら感じる者があらわれた。たとえば芥川龍之介の心情告白のなかに、そういうものが見える。こういう次第で、近代日本では、旧江戸の町人や、江戸文化は、不当な見解で処理されることになった。

江戸再評価

こういう時代の潮流に対し、明治も二十年代を迎えると、小木新造氏の研究によって明らかにされたように、『江戸新聞』が発刊されるとか、三十年代に入ると『江戸ッ子新聞』が発刊され、五年余にわたって旧江戸ッ子の人気を呼ぶとか、という、江戸復権の気運も見えてきた。

昭和四十六年に復刻された『旧幕府』は明治三十年から三十四年八月までの月刊雑誌で、ここにも幕臣たちの江戸回顧が顕在化するに至った。そうして、文学者のなかには江戸礼讃者として幸田露伴や永井荷風などが現われてくることになるのである。

しかしこういう気運はごく一部であって、近代日本が江戸を不当評価したことは社会通念としてごく最近まで生き続けてきた。このため、江戸ッ子は長い間、あまりにみじめな評価をうけ続けてきた。

ここ数年、ようやく江戸が正当に評価される気運が萌してきた。江戸ッ子についても同様に、正当な評価をすべきであろう。

あとがき

この本は、昭和四十八年五月に吉川弘文館から刊行された『江戸町人の研究』第二巻に書いた「江戸ッ子」と、その翌年に引続いて刊行された同じく第三巻に書いた「続江戸ッ子」の二つの論文を主軸としたものである。

はじめの論文が公刊されてからも、江戸町人研究会の人たちをはじめ、浜田義一郎氏・中西賢治氏・小野地忠英氏らの方々から新しい史料のご教示をいただいたり、成田山の資料館で『天狗礫鼻江戸ッ子』にめぐりあうなどのありがたい学恩によって、かなり豊富に新史料を追加することができた。

さらにこの六年間、江戸町人研究会の諸君は、折にふれて研究法や都市論、あるいは江戸の社会構造論などの諸点で、しばしば江戸ッ子を俎上に載せ、いろいろ多方面から再検討してくれた。このことに奮起していっそう深く江戸ッ子を追求することとなり、私自身かなり大きく江戸ッ子を成長させることができたと思う。たとえば、江戸ッ子成立の最も重要な条件になっていると考えられることは、田舎侍・江戸店その他、地方そのものが、いつまでたっても大江戸という大都市のなかで、江戸化しないまま、生々しく生のままで存在し続けたということにあるという発見などは、この間に開眼されたものである。

こういうことで、この本は七年前のものと六年前のものとを、いろいろ修正したり再構成したり、新たに手を入れたりして書き上げた。それは昨年十月のことであった。それが今いよいよ刊行されるに当たり、この間に亡くなられた方々もおありだが、本文中では故人としないで、そのままとさせていただいた。

昭和五十五年六月十一日

西山松之助

『江戸ッ子』を読む

竹内　誠

著者の西山松之助氏は、日本文化史学の大御所である。研究成果の多くは、『西山松之助著作集』全八巻（一九八二～八五年、吉川弘文館刊）に収められている。全八巻の内容をみると、「家元の研究」（一巻）、「家元制の展開」（二巻）、「江戸の生活文化」（三巻）、「近世文化の研究」（四巻）、「近世風俗と社会」（五巻）、「芸道と伝統」（六巻）、「江戸歌舞伎研究」（七巻）、「花と日本文化」（八巻）というように、きわめて多彩であり、著作集刊行後も、九十余歳の今日まで多くの新しい成果を次々に発表している。

このように西山文化史学は、幅広く且つ奥が深い。なかでも、日本文化の展開に深いかかわりをもつ家元制度の研究や、江戸学体系化の基礎となった都市江戸および江戸町人の研究は、研究史的にも、他の追随を許さぬ最先端に位置づけられている。とくに、都市江戸を象徴する代表的人間像である「江戸ッ子」の研究は、長い間の通説を打破した画期的な成果であった。一九八〇年に吉川弘文館の「江戸選書」シリーズの第一冊目として刊行された『江戸ッ子』がそれである。前記の『西山松之助著作集』は、その翌々年から刊行されたため、発刊年次が近過ぎるということもあって、この『江戸ッ子』は著作集に収録されていない。

しかし、江戸に生まれ江戸で育ったことを誇りとしたあの江戸ッ子意識は、いつごろ成立し、またその成立の歴史的背景は何だったのか、だれもが興味をひくところである。近年、この名著の誉れ高い『江戸ッ子』が品切れ状況にあり、非常に入手困難と聞いている。幸いこのたび、この渇望の書が「歴史文化セレクション」シリーズとして、装いも新たに刊行されることは、江戸研究を一層進展させ、人びとの江戸への興味をより深める絶好の機会となろう。

著者の日本文化研究の本領は、精緻な実証にあることはいうまでもない。しかしそれが、単に冷たい机上の理論に終わることなく、ぬくもりのある豊かな理論として展開する背景には、著者自身の日本文化に対する深い造詣と実践があった。歌舞伎・能などに対する鋭い鑑賞眼をもち、かつて素人劇ながら、みずから「勧進帳」の弁慶を国立劇場でみごとに演じた。絵画・書もよくし、茶杓づくりにいたっては玄人はだしと賞されている。

さて本書の内容であるが、著者は「江戸ッ子」のみならず、「お江戸」とか「江戸もの」「江戸生まれ」「江戸衆」「江戸人」「江戸風」等々、江戸に関係のある歴史的名辞にこだわり収集している。そして徹底的に文献にあらわれるこれらの用例を追究し、その言葉の初見はいつか、その言葉の内容はどうか、内容に変化があるとすればいつどのように変ったのか、といったことを明らかにし、その言葉の成立や内容の変化の社会的背景を分析する。これは著者のすぐれた方法論の一つである。しかも、そのみごとな実証例を、この江戸ッ子の研究で示してくれている。

具体的には、「江戸ッ子」の用例を五五も年代順にならべて詳細に分析し、まず文献上の初見は明和八年（一七七一）の川柳「江戸ッ子のわらんじをはくらんがしさ」であり、ついで安永二年（一七七三）の川柳「江戸ッ子の生《うまれ》そこない金をもち」と続き、以下、川柳のみならず洒落本や黄表紙といった小説や歌舞伎のセリフなどにさかんに登場するようになると指摘し、江戸っ子意識の成立を十八世紀後半とした。日本年号でいえば、宝暦・明和・安永・天明年間である。つまり田沼意次が政治をリードしたいわゆる田沼時代に、江戸ッ子ははじめて登場したのである。享保時代にも元禄時代にも、江戸ッ子はまだ登場していない。ましてや大久保彦左衛門に愛された一心太助の寛永時代に、「おらぁ江戸ッ子だい」などというセリフはなかった。

次に江戸ッ子の具体的な内容であるが、西山江戸ッ子論のすぐれている点は、あくまでも史料に則して実証的に分析していることにある。

すなわち、(1)江戸城を居城とする徳川将軍家のお膝元に生まれ、水道の水で産湯につかい、(2)宵越しの金を使わず、(3)乳母日傘《おんばひからかさ》で成人した洗練された高級町人で、(4)しかも国初以来生えぬきの日本橋辺の生まれで、(5)市川団十郎をひいきにする「いき」と「はり」とに男をみがく、いきのいい人間というのが、数多くの文献が描いている「江戸ッ子」像であるというのである。要約すれば、江戸下町に生まれ育ち、金ばなれがよくて正義感にあふれ、「いき」と「はり」に生きた人びとである。時期でいえば、宝暦期以降に顕在化し、天明期に典型化された上層町人江戸ッ子である。

従来の江戸ッ子論が、下層の小商人・小職人をイメージしてきたのとくらべると、まるで正反対であり、日本橋を中心とした下町の江戸根性《ねお》いの商人・職人、たとえば蔵前の札差とか、日本橋魚河岸や新川酒問屋の旦那衆など上層町人が、真の江戸ッ子だという説は画期的である。

しかもこれら江戸ッ子は、明和・安永・天明期に経済的実力を大きく伸ばした町人たちであり、目を見張るような江戸文化を次々に創造した。彼らは、江戸歌舞伎、浮世絵、川柳、洒落本、黄表紙をはじめ、廓遊び、花見、月見、雪見、花火、納涼川遊びなどの江戸文化を絢爛《けんらん》と展開させていった。しかし、このように自由でのびのびとした人間像とその江戸文化は、封建制度の基本原理と矛盾するところが多く、寛政改革で強烈な弾圧をうけることになる。

ともあれ、こうした江戸ッ子がなぜ十八世紀後半になって登場してきたのであろうか。著者はいう。江戸には参勤交代制により江戸藩邸に勤務する江戸詰地方武士や、各地の商人の江戸支店である江戸店に住み込む地方出身の奉公人や、臨時に地方からやってきた出稼ぎ人や、村を逃げ出して流入してきた離村農民など、江戸の人でない地方人がたえず大勢ごった返していた。したがってこれらの地方色が、いつまでたっても江戸化しないで、地方色のままの言葉や生活習慣が維持されるという珍らしい社会現象が江戸にはあったのである。

これに対し、江戸の中心部に初期から定住した根生いの江戸住民たちは、五十年や百年ではまだ、それほどの相違や対比現象が目立たなかったが、さすが百数十年を経た十八世紀後半になると、この江戸色と、かの地方色とが、人間像として対比的にはっきりと識別されるように顕在化してきたのである。この顕在化した江戸生粋の人間像が江戸ッ子であった。

この江戸ッ子意識の成立を、私なりにもう一度整理すれば次のようになろう。

まず第一に、江戸は政治的に日本の中心都市であり、上水道など、当時の日本におけるもっとも先進的な都市施設を有していたので、そこに生まれ育ったという自負心が醸成された。江戸ッ子像を典型化した山東京伝は、天明四年（一七八四）刊の洒落本『彙軌本紀《いきほんぎ》』の序文に、「水道ノ水ヲ以テ産湯《うぶゆ》ト為《な》シ、曳窓《ひきまど》ヨリ鯱《しゃち》（江戸城）ヲ観《み》テ長《ひととな》リタルノ徳ハ、則チ孰《いずく》ニ之《ゆ》クト雖《いえど》モ何ゾ引気《ひけ》ヲ資《と》ラン」（原漢文）と述べている。

第二に、江戸は人口一〇〇万を優に超す大都市であったから、官営の建築事業をはじめ金の儲け口はいくらでもあり、働きさえすれば食べてゆくのにことかかなかった。当然、金は無理にためなくてもよいし、仮に儲けたらきれいに使うものだという気質が形成された。前掲の『彙軌本紀』にも、「大金ヲ費スコト小銭ヲ遣フガ若《ごと》シト。是《これ》東都子《えどっこ》ノ気情《きしょう》ヲ顕ハス」とある。

第三に、江戸にはたえず多数の地方出身者が流入し、地方武士もまた江戸藩邸に大勢居住していた。とくに江戸経済を牛耳っていたのは、江戸に支店をもつ上方商人であり、江戸豪商の多くは伊勢や近江の商人であった。こうした上方者や田舎者の対置概念として、江戸ッ子意識は成立したのであり、上方者や田舎者の泥くさい「野暮」に対する、洗練された「いき」の美意識や行動様式が追求された。

第四に、十八世紀後半の田沼期には、それまで経済的に上方商人に一方的に押しまくられていた江戸商人が、ようやく大きく成長し、江戸生まれ江戸育ちの豪商が輩出するようになった。つまり経済的にも、江戸は上方に対して自信をもつようになった。

そして第五に、これが何といっても江戸ッ子意識成立の最大の契機と思われるが、田沼期に江戸文化が上方文化を凌駕《りようが》し、江戸固有の町人文化がみごとに花開いたこと、しかもその文化を開花させた中心的担い手こそ自分たちであるという自負心にあったといえよう。

こうして天明期に成立した江戸ッ子意識は、十九世紀に入り、化政期以降ますます江戸住民の間に広く定着していった。しかし化政期以降の江戸ッ子は、上層町人ではなく下層町人に多く、他国者に対したときとか、地方の旅先などで、「おらア江戸ッ子だ」と空威張りするような類の自称江戸ッ子だと、著者は指摘する。従来の江戸ッ子研究が主張してきた下層町人江戸ッ子説は、著者によれば、化政期の江戸ッ子のことであり、天明期の主流江戸ッ子とは異なる、空威張りタイプの亜流江戸ッ子のことだという。

江戸ッ子は、このように天明の江戸ッ子と、化政の江戸ッ子とでは、内容に大きな変化があるのであり、江戸ッ子の主流はあくまでも前者にある。そしてみずから得意げにわめく自称江戸ッ子を、江戸ッ子の全体像のごとくとらえてきた旧説を痛烈に批判している。このような、江戸ッ子の重層的な把握は今でも非常に新鮮であり、本書の真骨頂は、まさにこの点にあるといってよい。

事実幕末には、江戸ッ子を自称する者が多くなり過ぎたせいか、西沢一鳳の弘化年間（一八四四～四八年）の著『皇都午睡《こうとごすい》』（本書収載、江戸ッ子文献一覧㊿）に、次のような江戸ッ子についての整理・分類がなされており、興味深い。

すなわち、両親共に江戸生まれの子は「真の江戸ッ子」、両親のいずれかが江戸生まれでも片方が田舎生まれの場合は「斑《まだら》」、いくら江戸で生まれても両親共に地方出身者の場合は「田舎子」というべきであると分類し、江戸町方住民のその比率は、真の江戸ッ子はわずか一割、斑ッ子は三割、田舎ッ子は六割にも及ぶと述べている。しかもその六割にものぼる田舎ッ子が成長すると、「おらァ江戸子だ〳〵といふから、イヤハヤ何とも詞《ことば》なし」と嘆いている。

最後に、ないものねだりになって恐縮だが、江戸ッ子意識が明治以降、どのような変遷を遂げたかについて、末尾に僅かに触れられてはいるが、これを本格的に検証すれば、江戸ッ子像がさらに多面的に浮び上がってくるに相違ない。

〈二〇〇六年四月〉

（たけうち・まこと　東京学芸大学名誉教授）

＊本書は、一九八〇年（昭和五十五）に、『〈江戸〉選書』の一冊として、吉川弘文館より初版第一刷を刊行したものの復刊である。

著者略歴

一九一二年　兵庫県に生まれる
一九四〇年　東京文理科大学国史学科卒業
東京教育大学教授、成城大学教授等を経て
現在　東京教育大学名誉教授、文学博士

〔主要著書〕
家元の研究　くるわ　江戸学入門　西山松之助
著作集(全八巻)　日本の美と伝統　茶杓百選

歴史文化セレクション

江戸ッ子

二〇〇六年(平成十八)五月二十日　第一刷発行

著　者　西《にし》山《やま》松《まつ》之《の》助《すけ》
発行者　林　英　男
発行所　株式会社　吉川弘文館
郵便番号一一三—〇〇三三
東京都文京区本郷七丁目二番八号
電話〇三—三八一三—九一五一〈代表〉
振替口座〇〇一〇〇—五—二四四
http://www.yoshikawa-k.co.jp/
印刷＝株式会社 平文社
製本＝誠製本株式会社
装幀＝清水良洋

ISBN4-642-06297-1

発刊にあたって

悠久《ゆうきゆう》に流れる人類の歴史。その数ある文化遺産のなかで、書物はいつの世においても人びとの生活に潤《うるお》いと希望、そして知と勇気をあたえてきました。この輝かしい文化としての書物は、いろいろな情報手段が混在する現代社会はもとより、さらなる未来の世界においても、特にわれわれが守り育て受け継がなければならない、大切な人類の遺産ではないでしょうか。

文化遺産としての書物。この高邁《こうまい》な理念を目標に、小社は一八五七年(安政四)の創業以来、専《もっぱ》ら日本史を中心とする歴史書の刊行に微力をつくしてまいりました。もちろん、書物はどの分野においても多種多様であり、またそれぞれの使命があります。いつでも購入できるのが望ましいことは他言を要しませんが、おびただしい書籍が濫溢《らんいつ》する現在、その全てを在庫することは容易ではなく、まことに不本意な状況が続いておりました。

このような現況を打破すべく、ここに小社は、書物は文化、良書を読者への信念のもとに、新たに『歴史文化セレクション』を発刊することにいたしました。このシリーズは主として戦後における小社の刊行書のなかから名著を精選のうえ、順次復刊いたします。そこには、偽《いつわ》りのない真実の歴史、魅力ある文化の伝統など、多彩な内容が披瀝《ひれき》されています。いま甦《よみがえ》る知の宝庫。本シリーズの一冊一冊が、現在および未来における読者の心の糧《かて》となり、永遠の古典《クラシック》となることを願ってやみません。

二〇〇六年五月

吉川弘文館

歴史文化セレクション　全13冊の構成

吉川弘文館

神話と歴史　直木孝次郎著　二四一五円

江戸ッ子　西山松之助著　一七八五円

室町戦国の社会—商業・貨幣・交通—　永原慶二著（06年6月発売）

国家神道と民衆宗教　村上重良著（06年7月発売）

王朝貴族の病状診断　服部敏良著（06年8月発売）

近世農民生活史　児玉幸多著（06年9月発売）

古代住居のはなし　石野博信著（06年10月発売）

赤穂四十六士論―幕藩制の精神構造―　田原嗣郎著（06年11月発売）

鎌倉時代―その光と影―　上横手雅敬著（06年12月発売）

王朝のみやび　目崎徳衛著（07年1月発売）

江戸の町役人　吉原健一郎著（07年2月発売）

近代天皇制への道程　田中　彰著（07年3月発売）

帰化人と古代国家　平野邦雄著（07年4月発売）

◇歴史文化セレクション　（価格は5％税込）